本书为湖北省一流本科专业“思想政治教育”建设项目阶段性成果
本书为湖北省一流课程、中国地质大学（武汉）本科教育改革研究项目
“‘社会实践’一流本科课程建设”（2021G63）的阶段性成果

U0825325

“红色之旅”社会调查研究（第二辑）

朱桂莲　曹　阳　严世雄　李海金　编著

华中师范大学出版社

新出图证（鄂）字 10 号
图书在版编目（CIP）数据

“红色之旅”社会调查研究. 第二辑/朱桂莲等编著. —武汉：华中师范大学出版社，2023.10
ISBN 978-7-5769-0110-8

Ⅰ. ①红… Ⅱ. ①朱… Ⅲ. ①革命纪念地—旅游业发展—社会调查—调查研究—红安县 Ⅳ. ①F592.763.4

中国国家版本馆 CIP 数据核字（2023）第 069000 号

“红色之旅”社会调查研究（第二辑）

编辑室：高等教育分社　**电话**：027-67867364
责任编辑：刘满元　**责任校对**：肖绪旭　**封面设计**：胡　灿
出版发行：华中师范大学出版社有限责任公司
社址：湖北省武汉市洪山区珞喻路 152 号　**邮编**：430079
电话：027-67861549
网址：http://press.ccnu.edu.cn　**电子邮箱**：press@mail.ccnu.edu.cn
印刷：武汉中科兴业印务有限公司　**督印**：刘　敏
开本：710mm×1000mm　1/16　**印张**：10.5　**字数**：170 千字
版次：2023 年 10 月第 1 版　**印次**：2023 年 10 月第 1 次印刷
定价：52.00 元

欢迎上网查询、购书

前　　言

乡村兴则国家兴，乡村衰则国家衰。习近平总书记强调，农业、农村、农民问题是关系国计民生的根本性问题，必须始终把解决好“三农”问题作为全党工作的重中之重，推进乡村振兴工作有序进行。面对全球新冠肺炎疫情，世界经济复苏脆弱，气候变化挑战突出，我国经济社会发展各项任务极为繁重艰巨等情势，《中共中央 国务院关于做好2023年全面推进乡村振兴重点工作的意见》指出，全面建成小康社会和全面建设社会主义现代化国家，最艰巨最繁重的任务在农村，最广泛最深厚的基础在农村，最大的潜力和后劲也在农村，要接续全面推进乡村振兴，加快农业农村现代化。立足新发展阶段，坚持和加强党对“三农”工作的全面领导，扎实有序做好乡村发展、乡村建设、乡村治理重点工作，促进农业高质高效、乡村宜居宜业、农民富裕富足，是解决新时代我国社会主要矛盾、实现“两个一百年”奋斗目标和中华民族伟大复兴中国梦的必然要求，具有重大现实意义和深远历史意义。

本书作为湖北省一流课程、中国地质大学（武汉）本科教育改革研究项目“‘社会实践’一流本科课程建设”（2021G63）的成果和“一线二红三实”思想政治理论课立体教学模式的持续性探索，以乡村振兴战略为政策背景，坚持目标导向、问题导向、结果导向相统一，遵循理论建构与实地调研相结合的研究路径，深入村庄农户、田间地头、企业工厂，运用“解剖麻雀”的方法，深入探究我国新发展阶段乡村振兴中的乡土文化传承创新、返乡农民工创业、乡村治理、农村基层党组织建设等具体问题，旨在促进“产业兴旺、生态宜居、乡风文明、治理有效、生活富裕”乡村振兴战略目标的顺利实现。

第一篇以乡村振兴视角下乡土文化传承与创新为主题，选择湖北省H县5个村，从农耕文化、乡村手艺、乡村文化景观、乡村节日与习俗四个维度进行调查研究，提出优秀乡村文化传承与创新的有效路径，助推乡风文明建设。第二篇聚焦返乡农民工创业问题，以湖北省Y县H镇的6个村为对象，调研返乡农民工创业现状，从农民工、政府、社会组织层面提出助力返乡农民工创业扶持措施，激发农民工返乡创业热情，带动农民增收致富。第三篇运用整体视角探讨“三治”（法治、德治、自治）有效协同融合的实施机制，通过分析湖北省H县5个村的实地调研结果，提出提升乡村“三治”融合治理效能的对策与建议。第四篇以湖北省Y县16个村为例，考察当前农村基层党组织思想引领的成效与困境，从加强主体能力建设、增进制度保障及营造客观环境等方面，提出增强农村基层党组织思想引领的对策。第五篇聚集革命老区基层党组织建设，选取湖北省H县11个基层党组织为对象，调研其对重要会议和文件精神的贯彻落实情况、对农村基层问题的解决情况、与群众联系情况、对发展党员和党员教育管理的工作情况等，探索乡村振兴进程中加强基层党组织建设的实现路径。各个部分围绕基础理论和实践探索两个层次，以基础理论为研究支撑，以实践探索为研究的出发点和落脚点，力求精细精准、务实管用。

非常感谢教师指导团队在选题、活动策划、问卷（访谈提纲）设计、实地调研和调查报告撰写过程中所付出的心血和智慧！非常感谢以罗懿滢、尚天钰、耿学栋、左睿、刘青为队长的各调研团队成员发扬中国地质大学（武汉）“艰苦朴素、求真务实”的校训精神，在酷暑中深入基层、农村和社区，开展实地调研，并对所掌握的信息和数据进行分析、研究，撰写社会调查报告。感谢本书社会调查报告所参考的文献的作者们，感谢他们为调查开展和调查报告撰写提供了理论和实践的参考。感谢中国地质大学（武汉）马克思主义学院领导在本书编写过程中给予的关心、指导和支持！感谢华中师范大学出版社的编辑为本书出版付出的辛勤劳动！

时代就是不断前进的实践。乡村振兴是新发展阶段“三农”工作重心的历史性转移，是乡村产业、人才、文化、生态、组织的全域、全员、全方位振兴，在具体实践中不断提出新问题新挑战新要求，需要进行持续性的理论研究与实践探索。本书尽力为我国乡村振兴的相关研究提供具体可行的理论指导和实践参考，但由于水平有限，书中仍存在诸多不足之处，恳请各位专家、读者批评指正。

朱桂莲

2023年8月22日于南望山

目　录

第一篇　乡村振兴视角下乡土文化传承与创新的调查研究

——以湖北省 H 县为例

乡土文化在乡村振兴战略中具有无可替代的作用，它是构建乡村和谐社会的基础，是彰显乡村地域特色的符号。本调查活动以湖北省 H 县为调研对象，着眼农耕文化、乡村手艺、乡村文化景观、乡村节日与习俗四个方面的内容，调查研究 H 县在推进乡村振兴中对乡土文化的挖掘、保护和利用的情况，总结和分析其好的经验和存在的问题，并提出相应的建议，旨在贯彻习近平新时代中国特色社会主义思想，推动优秀乡土文化保护传承、创新发展和创造转化，助推长江流域乡村振兴的发展。

一、选题的背景、目的和意义

（一）选题背景

《乡村振兴战略规划（2018—2022 年）》指出，乡村是具有自然、社会、经济特征的地域综合体，兼具生产、生活、生态、文化等多重功能，与城镇互促互进、共生共存，共同构成人类活动的主要空间。乡村兴则国家兴，乡村衰则国家衰。人民日益增长的美好生活需要和不平衡不充分的发展之间的矛盾在乡村最为突出，我国仍处于并将长期处于社会主义初级阶段的特征很大程度上表现在乡村。全面建成小康社会和全面建设社会主义现代化强国，最艰巨最繁重的任务在农村，最广泛最深厚的基础在农村，最大的潜力和后劲也在农村。实施乡村振兴战略，是解决新时代我国社会主要矛盾、开启全面建设社会主义现代化国家新征程的必然选择，是实现“两个一百年”奋斗目标和中华民族伟大复兴中国梦的必然要求，也是实现全体人民共同富裕的必然要求。

乡土文化是乡村振兴凝聚力的黏合剂，乡村文化振兴是乡村振兴的灵魂、任务和价值追求，也是实施乡村振兴战略的路径和抓手，能为推进乡村组织振兴、生态振兴、产业振兴、人才振兴提供重要支撑。党的十九大在对乡村振兴作出重大战略部署时，把乡村文化建设的重要目标明确为乡风文明，并与"产业兴旺、生态宜居、治理有效、生活富裕"一起构成全面推进乡村振兴总要求。以农耕文化、乡村节日与习俗、乡村手艺和乡村文化景观为主要内容的优秀乡土文化，是乡村文化建设的宝贵资源。

党和政府高度重视在乡村振兴战略实施过程中推进乡土文化的挖掘、传承和创新。2017 年中共中央办公厅、国务院办公厅印发的《关于实施中华优秀传统文化传承发展工程的意见》，就强调了传统节日与习俗之于传统文化传承的重要性与紧迫性。2018 年 12 月 28 日，中央农村工作会议在北京召开，提出走中国特色社会主义乡村振兴道路必须传承发展提升农耕文明，走乡村文化兴盛之路。习近平总书记在中央农村工作会议上的讲话，进一步指明了加快农业农村现代化的基本方向，明确了今后一个时期"三农"工作的主要任务和全面推进乡村振兴的重点工作。2019 年 10 月，中共中央、国务院印发了《新时代公民道德建设实施纲要》。该纲要强调指出："要围绕实施乡村振兴战略，培育文明乡风、淳朴民风，倡导科学文明生活方式，挖掘创新乡土文化，不断焕发乡村文明新气象。""充分利用重要传统节日、重大节庆和纪念日，组织开展群众性主题实践活动，丰富道德体验、增进道德情感。"2019 年 12 月，中央农村工作领导小组办公室、农业农村部等 11 个部门联合印发了《关于进一步推进移风易俗建设文明乡风的指导意见》，明确提出要加强农村思想道德建设、加强农村公共文化建设、传承发展提升农村优秀传统文化。2021 年 2 月 21 日，指导"三农"工作的中央一号文件发布，全文共 5 个部分，包括：总体要求、实现巩固拓展脱贫攻坚成果同乡村振兴有效衔接、加快推进农业现代化、大力实施乡村建设行动、加强党对"三农"工作的全面领导。强调要深入挖掘、继承创新优秀传统乡土文化，把保护传承和开发利用结合起来，赋予中华农耕文明新的时代内涵。2021 年 4 月 29 日，第十三届全国人民代表大会常务委员会第二十八次会议通过的《中华人民共和国乡村振兴促进法》也规定，"鼓励开展形式多样的农民群众性文化体育、节日民俗等活动"，"采取措施保护农业文化遗产和非物质文化遗产，挖掘优秀农业文化深厚内涵，弘扬红色文化，传承和发展优秀传统文化"，"加强对历史文化名镇名村、传统村落和乡村风貌、少数民族特色村寨的保护"，"建设特色鲜明、优势突出的农业文化展示区、文化产业特色村落……推动乡村地区传统工艺振兴”。以上文件和法律的相关规定，既表明了乡村文化振兴在乡村振兴中的重要地位和作用，也为乡土文化的挖掘、传承创新提供了政策和法律依据。第18个指导“三农”工作的中央一号文件也强调了要深入挖掘、继承创新优秀传统乡土文化，在进行乡村振兴的建设过程中，一方面需要带动乡村经济的发展，另一方面也要注重乡土文化的挖掘，只有这样才能全方位地促进乡村振兴。

湖北省作为中部崛起战略实施的中心，高度重视乡村振兴。2020年1月17日，湖北省第十三届人民代表大会第三次会议通过了《湖北省乡村振兴促进条例》，用法律规范的形式确立了乡村振兴的重要地位。同时，《湖北省乡村振兴促进条例》也明确规定：要保护、传承和发展荆楚传统文化和发展优秀乡村本土文化。各级人民政府应当健全乡村公共文化服务体系，加强乡村公共文化体育设施和综合性文化服务中心规划、建设，推进乡、村两级公共文化服务全覆盖，丰富乡村公共文化产品供给，满足乡村居民基本文化需求。加强基层文化队伍建设，培养专、兼职相结合的乡村文化工作队伍，培育乡村文化本土人才，发展乡村文艺团队。开展文化结对帮扶，引导社会力量参与乡村文化建设。以此条例的出台为契机，在湖北省各个乡村推进优秀乡土文化的挖掘、传承和创新。

湖北省H县是全国闻名的将军县和革命老区，也是大别山地区一个以农业为主的行政区域，是湖北省推进乡村振兴战略的重点区域之一。H县建县于明朝，是著名的黄麻起义的策源地和鄂豫皖革命根据地的摇篮，红四方面军就诞生在H县Q镇的河滩上。这里的人们热情淳朴，古道热肠，继承和发扬了先烈的革命精神。这为H县在实施乡村振兴战略中挖掘、传承、创新、优秀乡土文化提供了丰厚的传统文化资源和红色文化资源。

为深入了解H县挖掘、传承、创新优秀乡土文化的情况，本社会调查以乡村振兴视角下优秀乡土文化传承与创新为主题，选定H县Q镇、Z湾、XH村、XJ湾、Y村等5个村镇，从农耕文化、乡村手艺、乡村文化景观、乡村节日与习俗四个维度进行了调查研究。

（二）调查的目的和意义

本调查研究以《乡村振兴战略规划（2018—2022年）》、《中华人民共和国乡村振兴促进法》、《湖北省乡村振兴促进条例》等文件的相关规定为依据，深入革命老区H县的村镇开展实地调研，考察并分析、总结H地区在推进乡村振兴战略中对本地优秀乡土文化的挖掘、传承和创新的现状、成效与问题，探索优秀乡土文化传承、保护与发展的路径策略，有针对性地提出切实可行的意见建议，以期形成一套系统有效的优秀乡土文化挖掘、传承、创新的逻辑体系，为全面推动乡村振兴提供可行性参考。本调查研究有如下理论和实践意义。

1. 有利于丰富乡村振兴视角下优秀乡土文化挖掘的理论研究成果

当前学术界已经对乡土文化形成了较为系统全面的认识，在乡土文化建设与乡村振兴的关系上也形成了丰富的理论成果，但大多数研究都从理论层面展开，缺乏一定的实地调查基础。本次调查活动选取具有典型乡土文化代表性的 H 县为调查对象，有利于从乡村实际出发，以实地调查情况为基础，形成以 H 县为代表的乡村振兴视角下优秀乡土文化挖掘的研究材料，丰富学术界的理论成果。

2. 有利于增强人们对乡土文化的认识，提高乡土文化建设的有效性

乡土文化具有浓厚的地域特色，承载着人们的价值观和伦理道德，乡土文化从远古走来，植根于普通民众，因此它本身就带有最初的、最原始的艺术生命形式。在当前现代化市场经济、经济全球化、文化多元化的背景下，一些乡土文化逐渐与我们的生活节奏和审美情趣相脱离，新生代的青年缺乏对优秀乡土文化的了解和认识，很难与传统的乡土文化有心理上的共鸣和审美上的认同。本次调查实践活动以优秀乡土文化为切入点，有利于增强人们对乡土文化重要性的认识，扩大乡土文化的影响力，引发更多人对乡土文化的关注，以此提高乡土文化建设的有效性，推动乡村振兴战略的发展。

3. 有利于推动乡风文明建设，增强乡土文化认同感

乡村经济发展固然是乡村振兴战略研究的重点问题，但农民是否具有良好、端正的精神风貌才是决定乡村振兴战略成败与否的关键。乡土文化作为农村精神文明建设的核心内容与重要支撑，在农村建设工作中发挥着延续历史传统、为人民指引前路的重要作用。乡土文化凝结着乡土社会全体成员共同的精神寄托，与人民群众具有天然的亲近性，在持续发生的文化传承和经验中不断叠加、累积，有助于增强乡土社会乃至全社会的文化认同。充分挖掘优秀的乡土文化，有利于推动乡村精神文明建设，增强乡土文化认同感，助推乡风文明建设。

二、优秀乡土文化挖掘、传承与创新研究综述

乡土文化作为一种生发于农业社会，蕴含于中国文化传统之内的农民

文化传统，从内容上大致包括农耕文化、乡村节日与习俗、乡村手艺和乡村文化景观，因此，本综述也将从这四个方面来展开。

（一）关于农耕文化的研究

通过对文献的查询、阅读和整理，学者们关于农耕文化研究的主要视角和观点，可以综述如下。

1. 农耕文化概念的内涵研究

农耕文化是农业经济基础上发展的生产关系、耕作技术、社会规范、思想观念等文化形态的集合（佳星、郭金秀，2019），其内涵可概括为“应时、取宜、守则、和谐”（彭金山，2011）。从广义上讲，农耕文化是建立在传统农业经济基础上的文化形态；从狭义上看，农耕文化是指建立在自给自足的自然经济基础上的意识形态（张永丽、孙群雯，2013）。农耕文化作为我国在长期的历史发展和国情特点中发展出来的以农耕为核心和重要发展对象的传统文化（林婷，2021），是在以小农生产为基础的传统农业社会形成的，在农耕生产实践活动中创造、积累和传承的，与农耕以及农耕社会有关的文化总和，既包括农作物、农耕器等实体文化，也包括与农事、民俗风情、传统习惯等有关的精神文化（张莹、龙文军，2017），是构建中华民族核心价值观的重要精神文化资源（潘昱丞、唐良申，2018）。

2. 农耕文化传承的意义研究

传承农耕文化的重要意义是尊重自然规律发展，实现人与自然和谐共处、珍惜我国地力传统，实现农业生产生态循环，传承邻里和睦传统，实现乡村善治治理体系（朱飞虎，2020）；有利于农业生产经营，保障粮食安全，发展循环农业理念，改善生态环境，拓展和培育发展新动能，提高民族凝聚力（张莹、龙文军，2017）；有利于社会转型，缓解工业文明产生的焦虑，保护农村公序（杨琼、黄璜，2019）；有利于维系生物多样性，改善和保护生态环境，保障食品安全，促进资源持续利用，传承民族文化，保护独特景观，推动乡村旅游，并在保持和传承民族特色、地方特色、传统特色，丰富文化生活与促进社会和谐等方面发挥基础性作用（马贵银，2015）。

3. 农耕文化存在的问题研究

农耕文化存在的问题主要有：传统农业生产工具及加工工具逐渐消失，乡村变迁及其城镇化过程使乡村逐渐失去了文化的传承载体和传承者，现代建筑材料的应用和传统村落的消失，农村教育的缺失等（郭山宁，2019）；小农经营者缺乏保护与传承意识，传承主体存在“结构性缺失”，传统农耕文化传承后继乏人，传统农耕文化的生存基础发生巨大变化等（刘子磊、刘慧君，2016）；总体保护和开发新型农耕旅游的意识不足，农耕文化资源缺乏深度开发，创新性文化产品有效供给不足，探索利用网络信息平台传承创新农耕文化的能力不足（樊晓敏，2019）。

4. 农耕文化保护的路径研究

农耕文化保护需要政府重视、媒体宣传、观念转变以及产业转型（袁世华、王文昌，2017）；要通过法律、制度、机制等层面的架构，培育农民法治意识，加强重点领域立法，赋予农民相关权利，建立明晰的管理制度、农业文化遗产登记制度、资金保障制度；要实施和引入协调保护机制、政策激励机制、利益分享机制、多方参与机制，相互融合，促进农耕文化传承与农民权利保障相协同（刘慧萍，2018）；要通过挖掘整理、场所展示、参与体验、工艺再现等方式来保护（张莹、龙文军，2017）；要构建农耕文化展览室，重视农耕文化的参与和体验，注重工业文明与农耕文化的协调，注重新农村建设与乡村文化的协调（马贵银，2015）。

（二）关于乡村节日与习俗的研究

通过查询、阅读和整理，学者们关于乡村节日与习俗研究的主要视角和观点，可以综述如下。

1. 关于乡村节日与习俗之于乡村振兴价值的研究

优秀的民俗文化有利于促进新农村的建设，促进和谐社会的发展（赖莉云、朱文清、邓惠丹，2015）；深入挖掘乡村习俗与社会主义核心价值观相适应的内生因素对于培育文明乡风、推动乡村振兴有重要作用（张立平、张爱萍，2021），同时也有助于弘扬优秀传统文化，助推乡村文化振兴（刘爱华，2021）。

2. 关于乡村节日与习俗传承发展困境的研究

传统习俗文化的内容、传播方式和保存方式受到了现代文化冲击（赵鹤，2015），特别是经济全球化带来的各种文化碰撞，再加上政府对习俗传承发展的忽视，传统习俗缺乏传承人，使乡村节日与习俗面临发展困境（贾卓娅，2017）。另外，食物的易得性使春节的年味变淡，新兴娱乐活动取代了传统民俗活动，城镇化弱化了家庭成员参与传统节日和习俗的积极性（石亮亮、王远，2021），这都给乡村节日与习俗的传承发展带来了困难。

3. 关于新时代乡村节日与习俗创新发展路径的研究

面对市场化等的冲击和影响，应当通过移风易俗、培育新习俗的方式创造性地传承发展乡村节日与习俗，使其适应时代发展，并成为乡村振兴的助推器（王博，2019）；要通过社会主义核心价值观的引领促进乡村习俗的完善发展，更好地涵育乡村民众的精神世界，为乡村振兴提供精神保障（张立平、张爱萍，2021）；要精心设计一套全国性的节日仪式，深入挖掘提炼、整合利用各地秋分习俗、符号，全面宣传推介节日习俗、符号，认真落实“政府主导、农民主体”的办节精神（刘爱华，2021）。

（三）关于乡村手艺的研究

1. 关于乡村手艺内涵的研究

乡村手艺紧贴生活实际，凝聚了当地民众的集体记忆和智慧，蕴含着重要的价值，体现了精益求精、追求卓越的工匠精神（叶淑媛，2020），其设计理念与当时当地的社会、文化、心理环境密切相关（唐启奎、屈赵嫂，2021），体现为一种对设计构想的自我实现，手艺人呈现出设计师、劳动者等多重身份的重合（孙建君，2020）。

2. 关于乡村手艺对乡村振兴作用的研究

传统工艺在脱贫攻坚工作中发挥着“扶志”和“扶智”的作用，是激发贫困户脱贫攻坚的内生动力，助力促进就业、增加收入和精准扶贫，为脱贫攻坚提供了产业支撑（叶淑媛，2020）；通过充分发掘和运用传统工艺所包含的文化元素和工艺理念，丰富传统手工艺产品品种，培育中国工匠和知名品牌，使传统工艺的传承和创作能力、产业发展及推动乡村就业等作用得到明显提升（汤瑾瑜，2021）。

3. 关于乡村手艺当代价值的研究

乡村手艺转化并融入现代生活，打造手艺特色小镇，既完整地传播了传统手艺文化，又能形成聚合联动效应，有效带动手工艺资源所属地区的经济发展（叶淑媛，2020）。要注重挖掘手艺产业的内在价值，从供给侧入手，鼓励技术业态创新。通过举办产业节日，塑造手艺产业文化优势，培育各类协会组织，加强手艺产业文化转型的社会化运作（刘永飞、许佳君，2017）。

（四）关于乡村文化景观的研究

通过对文献的查询、阅读和整理，学者们关于乡村文化景观研究的主要视角和观点，可以综述如下。

1. 关于乡村文化景观内涵的研究

乡村文化景观融合人文与自然，侧重于文化场所、历史积淀、时空记忆实体等多种范畴，文化景观丰富了人们对于历史文明的认知。它的核心思想是以动态、具体的文化角度来剖析和解读景观的生成、形态与意义，强调人与自然的互动性（孙艺惠、陈田、王云才，2008），具有地域性、文化性、多样性、复合性、延续性和稳定性等特点，是与乡村文化振兴密切相关的乡村土地表面文化现象的综合体（欧阳勇锋、黄汉莉，2012）。

2. 关于乡村文化景观对乡村振兴作用的研究

乡村文化景观的振兴在保护乡村的整体文化环境、文化元素发展土壤的同时，也使其自身的文化魅力得以散发，文脉得以延续（欧阳勇锋、黄汉莉，2012）。文化型乡村景观建设贯彻乡村振兴的基本要求，使乡村文化得到了保护、传承与发展（鲁黎明、张书文、杨芳绒、张晨曦，2021）。

3. 关于乡村文化景观保护性发展路径的研究

乡村文化景观的保护与传承，要遵循地域文化保护传承的推陈出新、发扬创新、与时俱进原则，实施乡村空间与地域文化载体的共生策略；要从居民对地方文化景观的价值感知和地方依恋感的角度出发，解析地方居民对文化景观价值补偿的认知水平、情感态度、决策行为倾向及行为，提升居民对文化景观价值的认识，调动居民对文化景观价值补偿的响应积极性；以文化补偿推动文化景观保护与自觉传承，强化居民文化景观保护的责任感与主动性，打破文化景观传承的现实困境（胡潇雅、张昕，2021；王兆峰、向秋霜，2020）。也有学者提出，对乡村文化景观的保护与传承应从以下四个方面展开：一是充分表达地域景观意象与景观元素，延续乡村历史文脉；二是注重生态可持续性发展，实现文化景观发展的内在驱动力；三是传承地方性文化景观的特征，突显乡村文化景观的地方性、人文特征；四是坚持乡村文化景观保护与开发并重的原则，树立保护性发展观，促进乡村文化景观可持续性发展（任新光、崔永敏、杨东宇，2021）。要加强对乡村文化景观挖掘的非物质要素的分析，提升当地居民对文化景观的认知程度，营造乡村特色文化氛围，对文化景观承续的“同构”模式进行解译，聚焦于同构后共同呈现的“活态”空间，使文化景观得到“活化”利用（李军、梁越，2021）。要营造乡村文化景观的特色及差异性，加强观光休憩规划与乡村文化景观的结合，从物质和艺术两个层面加强对文化景观的保护（冯歆，2012）。

三、H县乡土文化资源概述

H县位于湖北省东北部、鄂豫两省交界处，南临武汉，北接河南新县，东邻麻城，西接大悟，是革命老区和农业为主的山区县。H县境内，不仅名山众多、物产丰富，而且历史人文厚重，是著名的将军县。农业为主的生产生活方式和源远流长的人文历史，为H县积淀了丰厚的乡土文化资源。

（一）乡土文化的内涵

“乡土文化”由“乡土”和“文化”两个核心词组成，因此，理解乡土文化的内涵和特征，要从乡土和文化两个方面来解读。

所谓乡土，狭义上就是指农村。广义上的乡土是指人们长期生活的地方，即人们出生的故乡或青少年时代生活的地方。由于在这个地方长期生活，人们对该地也就有着特别深厚的情感，并深受其影响。中国是个农业大国，乡土性是中国最基本的底色，正如费孝通所指出的那样：乡土性是构成中国社会基层的重要元素，乡土社会的生活赋予乡土以地方性，即乡土社会生活的活动范围受地域的限制。由此可见，乡土是一个包含人、事、情的生活空间，是个体出生或成长的地方，是滋养一代代人并最终成为其情感和精神寄托之所的场域。

所谓文化，从广义来说，是指人类社会历史实践过程中所创造的物质财富和精神财富的总和；狭义的文化是指社会的意识形态，以及与之相适应的制度和组织机构。文化具有历史性、时代性、地域性、开放性等特点，在表现形态上可以分为知识形态文化、价值形态文化、艺术形态文化、制度形态文化，也可以分为物质形态文化、制度形态文化、精神形态文化、艺术形态文化。

乡土文化作为乡土和文化的合成词，也可以从广义和狭义两个层面来理解。狭义的乡土文化是指一种生发于农业社会，蕴含于中国文化传统之内的农民文化传统，其本质是农业文化；广义的乡土文化是指在一定地域内的、历经漫长岁月变迁的文化积淀，是长期积淀的带有浓郁地域色彩的文化成果。从精神文化层面来看，乡土文化包括宗族文化、宗教文化、孝道文化、民俗文化等传统文化，这些是乡村社会的文化基因和精神内核，也是维系乡民关系、维护乡村秩序、促进乡村和谐的关键所在。从行为文化层面来看，乡土文化包括民风民俗、生活习惯、民间艺术、传统节日等内容，如中秋节、端午节、重阳节等传统节日有着浓郁的乡土文化色彩，皮影、黄梅戏、变脸等民间文艺表演带有强烈的乡土文化韵味。

乡土文化与传统文化虽相互联系，但其又不等同于传统文化。乡土文化与传统文化一样，都是在特定文化类型的价值体系的制约下，经过长期的历史积淀而形成的，具有稳定的组织结构和思想要素，至今仍影响着人们的思维方式、价值观念、道德风貌、社会习俗等。相较于乡土文化，传统文化的内涵和外延都更为宽泛，它所关涉的内容不仅涵盖乡土文化，还涉及风俗、道德、思想、艺术、制度、生活方式等诸多方面。乡土文化除了具有传统文化所具有的历史传承性等一般性特点外，还具有地域性、乡土性与不可复制性等特点。乡土文化的地域差异性，是因为生活空间、人、事、情和自然条件的不同，地方建筑文化、语言文化、饮食文化、服饰文化等也表现出差异性，这种差异性衍生出了其独特性和不可复制性。乡土文化作为在传统社会、农业文明、自然经济等条件下形成的传统文化，不仅是民族传统文化的重要组成内容，也是在新时代建设中国特色社会主义文化的宝贵文化资源。挖掘、传承和创新优秀乡土文化，对传承好传统文化基因、弘扬好民族精神、维护好社会秩序、促进社会和谐等具有重要意义。

（二）H县乡土文化资源的类型和特点

乡土文化从类别上看大致有农耕文化、乡村节日与习俗、乡村手艺和乡村文化景观等。下面按这四种类型来介绍H县乡土文化及其分布和特点。

1. H县乡土文化资源的类型

（1）农耕文化

农耕文化是农民通过长期的农业劳动实践对有关规律、方式和技术的总结，是我国社会主义文化繁荣发展的重要组成部分，农耕文化所蕴含的思想观念、人文精神、道德规范，至今仍深深地影响着H县农村的文化氛围。中国农耕文化推崇的天人合一、协调和谐的自然观，如“天时不如地利，地利不如人和”“顺天时，量地利，用力少而成功多”等，主张人和自然不是对抗的关系，而是协调共生的关系，人只有遵循自然规律、与自然和谐相处才能最大程度地获得大自然的馈赠等传统农业理念，趋时避害的农时观、变废为宝的循环观、御欲尚俭的节用观，以及如夏历、二十四节气、阴阳五行等对自然规律的认知等，在 H 县的农业生产中仍然广为应用。H 县农村至今尚有“说春”习俗，“说春”即扮春官的人挨家挨户地说时令节气与劝耕。

（2）乡村节日与习俗

乡村节日与习俗是乡村生活中的文化现象，包括衣食住行的方式，生老病死、婚丧嫁娶的习俗，以及民间信仰与禁忌等，也包括乡村艺术和娱乐活动等。H 县人民在长期的生产生活中，形成了自己独特的生活习俗。比如，喜欢使用由大布制成的被套、床单、衣服，喜欢制作绿豆粑等本地传统食品。又如，新女婿、新媳妇上门，姑娘出嫁后第三天回门，小孩过周岁的时候，“打红”增添喜庆气氛。“打红”即用红色的颜料往脸上抹。另外，还有在元宵节、春节等节假日时举办灯会、戏剧表演等活动。在 H 县的乡村节日与习俗中，最源远流长和最具有代表性的形式是舞龙和荡腔锣鼓。

舞龙在 H 县历史悠久，源远流长。龙灯，顾名思义，即具有龙形的灯，俗称“耍龙”，是流行在民间的一种传统社火形式。在一些盛大的喜庆节日，H 县人民就会敲锣打鼓，戏龙作舞，以此展示降龙伏虎的英勇气概，抒发欢欣鼓舞、激越奔放的心情。舞龙也是 H 县乡村流行的一种春节习俗。每年春节，从正月初一到十五期间，人们总能看到在乡间穿行的舞龙队。数条布龙、纸龙、草龙纷纷出动，在村里“游”起来，并且挨家挨户地走过，有时还要进屋去绕堂一周，鞭炮齐鸣，非常热闹。

荡腔锣鼓的乐器有“三吹七打十种”。“三吹”即一个长号、两只唢呐；“七打”即锣、钹、鼓、马锣、车官（小钹）、小锣、铛锣。“十种”即大锣、大鼓、大钹、长号等由十名男子边吹边打边唱。荡腔锣鼓自元朝传入 H 县，流传至今，是吹、打、唱俱全的一种民间文艺表演形式。

（3）乡村手艺

乡村的传统手工艺作为文化振兴与产业振兴的重要载体，凝聚了民族传统造物的智慧、审美意识、伦理观念以及现代工业和信息经济内涵叠加的产业功能。H 县的乡村手工艺种类非常多，其中，最有代表性的手艺为刺绣、大布工艺等。

H 县的绣活是国家级非物质文化遗产，与鄂东地区的黄梅挑花、阳新布贴并称为荆楚大地的挑补绣艺术。自古以来，H 县就有“无女不绣花”之说。相传 H 县的绣活始于汉，盛于明、清。H 县的绣活在工艺技巧、构图风格和图案寓意等方面，集中体现了长江中游地区绣活的工艺特征和艺术特点。H 县的绣活以连袜绣花鞋垫为典型，它造型生动、装饰性强，表现出清新夺目的质朴美、浪漫美、明快美，不仅富有艺术价值，还富有实用价值。

H 县的大布又名"家机布""景庄布""老粗布""老土布"，是 H 县几千年来民间世代使用的一种手工产品，也是一种纯棉纺织珍品，具有浓郁的乡土气息和鲜明的地方特色。大布的织造工艺极为复杂，工艺程序繁多，从采棉纺线到上机织布，要经过大大小小 72 道工序，其中主要工序有轧花、弹花、纺线等 15 道。大布是传统家庭手工纺织技术的杰出代表，也是人们了解 H 县、体味 H 县的载体之一，它体现了 H 县劳动妇女的聪慧能干，展现了特殊的风土人情，成为 H 县的标识和名片。

（4）乡村文化景观

乡村文化景观是传统乡村社会人与自然和谐共生的体现，是乡村文化的重要载体，也是促使人们记住"乡愁"的审美空间。它们以物态形式的文化遗迹、具有地域特征的地理空间单元（街巷道路、生活空间等）的形式存在，是乡村存续、发展的源动力，是乡村秩序运行的"灵魂"。H 县的乡村文化景观十分丰富，自然景观有风景秀丽的天台山等，人文景观有苏区革命纪念园和众多的将军故居等。其中，最有代表性的乡村景观有 T 塔、C 街和 H 特色小镇。

T 塔又名大寺塔，相传建于宋代。该塔整体设计合理，建筑工艺精良，是研究唐宋塔型制嬗变的重要实物。T 塔历史底蕴较为浓厚，是 H 县乡村景观建设的一种独具特色的历史文化资源。Q 镇的 C 街是一条有着几百年历史的明清古街，也是记录 H 县革命历史的红色文化街。在这条街上，完整地保存着二十世纪三十年代时期的面貌，也是乡村景观建设一道亮丽的风景。另一处的 H 小镇是一个山清水秀、村容整洁、建筑精美、百姓安居的新型文化旅游小镇，在这里，既有现代建筑，也有传统民居，汇聚了荡腔锣鼓、大布绣活、农家酒坊这些民俗元素，带动了当地红色旅游产业的全面发展。

2. H 县乡土文化资源的特点

H 县乡土文化资源有两大特点，一是独特性，二是广泛性。

（1）独特性

H 县地处鄂豫皖三省交界处，这一地理位置赋予了 H 县乡土文化的独特性。一方面，因为地域交界，人员流动大，便于与周边省市联动开发乡土文化；另一方面，由于H县地处山区，位置偏僻，交通不便，受现代工业冲击较小，工业开发对乡土文化资源的破坏较少，能够比较真实地重现当时的历史风貌，因而乡土文化资源具有质量较高、开发潜力大的特点。此外，村村有烈士的红色文化资源，也赋予H县乡土文化独有的精神特质。

（2）广泛性

H县乡土文化资源在时空分布上呈现广泛性。从时间上看，完整地涵盖了各个历史时期。乡土文化在H县境内发展，源于原始社会中晚期，现存留较为完整的41处古文化遗址中，涵盖唐代以前的各个历史时期。其中，C岗遗址是新石器时期的见证，R墩遗址、X寨墩遗址、X山遗址是西周春秋时期的见证。T塔修建于宋代，S塔始建于元代，W氏祠创建于清代。散落在乡村的如W村的农民夜校旧址、鄂豫皖苏区革命的红军医院旧址、兵工厂旧址等，则是近代中国革命时期的文化资源。这些资源都直接反映了H县乡土文化的源远流长，显示了H县乡土文化在时间分布上绵长悠久的特点。从空间布局上看，H县的乡土文化资源覆盖了县境内的各乡镇（场）。对于家家有红军的H县来说，战争遗址、将军故居、烈士纪念碑、英烈故事是每一个村落所共有的红色文化资源和乡村景观资源。此外，贯通古今的人文历史也赋予H县各村落不同的传统手艺、习俗和文化景观。

四、H县乡土文化传承与创新的总体状况

本课题采取问卷、访谈和实地考察相结合的方式，深入H县的Q村、Z湾（H县方言中，湾就是村，下同）、X村、XJ湾、Y村等多个典型村庄，对H县的农耕文化、传统节日和习俗、乡村手艺、乡村文化景观的挖掘、传承与创新状况进行了调研，共收回有效问卷197份，并收集了大量访谈和观察资料，具体数据分析如下。

（一）调查对象的基本情况

本次调查共发放197份问卷，回收197份，有效回收率100%，其中有效问卷197份。调查结果显示，调查对象中男性人数为83人，占比42.1%，女性人数为114人，占比57.9%，男女比例分布均衡，普遍性良好，问卷调查在调查对象的选择中不存在偏倚。受访群体在H县居住了三

年以上的占 90.9%，在 H 县居住一年至三年和一年及以下的共占 9.1%。受访群体学历为高中的占 40.7%，小学占 3.0%，初中占 33.5%，大学及以上占 22.8%。总之，此次社会调查的调查对象文化水平各异，男女比例均衡，大部分为长期在当地居住的居民。样本数据基本与当地情况相符合，样本具有一定的代表性，为数据的进一步分析提供了基础。具体情况见表 1-1、表 1-2、表 1-3。

表 1-1 调查对象性别分布情况（单位：人;%）

性别	样本数	百分比	有效百分比	累积百分比
女	114	57.9	57.9	57.9
男	83	42.1	42.1	100.0
合计	197	100.0	100.0	

有效样本：197 缺失值：0

表 1-2 调查对象学历分布情况（单位：人;%）

学历	样本数	百分比	有效百分比	累积百分比
小学	6	3.0	3.0	3.0
初中	66	33.5	33.5	36.5
高中	80	40.7	40.7	77.2
大学及以上	45	22.8	22.8	100.0
合计	197	100.0	100.0	

有效样本：197 缺失值：0

表 1-3 调查对象居住时间分布情况（单位：人;%）

居住时间	样本数	百分比	有效百分比	累积百分比
一年及以下	5	2.5	2.5	2.5
一年至三年	13	6.6	6.6	9.1
三年以上	179	90.9	90.9	100.0
合计	197	100.0	100.0	

有效样本：197 缺失值：0

（二）H 县优秀乡土文化传承与创新的数据分析

本课题围绕农耕文化、传统节日和习俗、乡村手艺和乡村文化景观的挖掘、传承与创新开展了调查，收集了数据。并对数据进行了分析。

1. H 县传承与创新农耕文化的状况

农耕文化作为人民在生产生活实践中形成的一种风俗文化，反映了传统农业的思想理念、农技农艺、耕作规律和文化内涵。近年来，H 县非常重视挖掘农耕文化资源，使其在新时代发扬光大。以 XJ 湾农耕文化馆为例，它收集了犁、耙、橇、石磨、织布机、油灯、撒网等古农具，整理了九佬、十八匠传统手工艺，汇总了二十四节气文化等相应的农耕文化知识，挖掘了农耕文化的丰富内涵和乡土元素，将农耕文化的深厚魅力展现在世人面前，以发挥农耕文化中的思想观念、人文精神、道德规范在凝聚人心、教化民众、淳化民风方面的重要作用。

H 县农耕文化传承了中国传统文化“以农为本、以和为贵、以德为荣、以礼为重”的文化品格。H 县的农业生产遵循着“应时、取宜、守则、和谐”的原则，因时、因地、因物制宜，依节气安排农事活动，合理种植作物而不竭泽而渔，遵循自然规律。生产方式依然保留着传统的铁犁牛耕，同时，H 县的人民也保留着中国传统农业社会“耕读传家”的传统。我们在对 X 村实地采访时，不少村民表示他们对小孩的教育十分重视，这一点在问卷数据中也得到了印证。在回答“您是否同意农耕之外应当继续学习”这一问题时，56.1%（有效百分比，下同）的受访者表示非常同意，32.7%的受访者表示比较同意，6.1%的受访者表示无所谓，表示不同意和非常不同意的受访者共占 5.1%。可见，耕读文化在 H 县乡村得到了较好的传承。具体情况见表 1-4。

表 1-4　您是否同意农耕之外应当继续学习（单位：人;%）

		样本数	百分比	有效百分比	累积百分比
有效	非常同意	110	55.8	56.1	56.1
	比较同意	64	32.5	32.7	88.8
	无所谓	12	6.1	6.1	94.9
	不同意	3	1.5	1.5	96.4
	非常不同意	7	3.6	3.6	100.0
	合计	196	99.5	100.0	
缺失		1	0.5		
合计		197	100.0		

有效样本：196　缺失值：1

H县还通过建立农耕文化馆，对深入挖掘、传承与创新农耕文化进行尝试。Z湾和XJ湾都建有农耕文化馆。其中，Z湾农耕文化馆主要通过农家书屋建设、组织培训科技知识和交流会议，开展农技知识培训和科普知识宣传，提高村民的耕作经验和耕作技术，并通过智慧农庄建设，向社会招募荣誉村民，邀请荣誉村民前来体验、参与农耕生活，推动农耕文化的发展。XJ湾农耕文化馆是由民营公司投资的集文化、休闲、度假、养生、露营体验为一体的农耕文化馆，开展以“追溯农耕、筑梦情怀”为主题的活动，传承农耕文化，唤起旧时记忆。农耕文化馆在节假日都举办活动以吸引更多群众参观游玩，高度的参与性和体验性，让游客真真切切地感受到农耕文化的魅力。

2. H县传承与创新乡村手艺的状况

H县非常重视乡村手艺资源的挖掘。在Q镇C街上，有多家传统手艺门店，包括酿酒、根雕、绣活、大布等。在访谈中，我们了解到大布、绣活等传统技艺多来自家族之间的传承。大布传承人黄女士已从事大布生产四十余年，是家族中第六代大布传承人。绣活传承人席女士从九岁开始学习绣活技艺，也是通过祖辈互相传授的方式学习继承。这种继承方式所特有的保守性使得她们的技艺各有特色，在市场上更加具有竞争力。

目前，H县学习传统手艺的人群以留守妇女居多。手艺传承人介绍说，每年开设的手艺教习班学员以及从事手艺行业的主要人群，基本以留守妇女为主。在调查中，大部分受访者表示自己对学习乡村手艺有兴趣。整体上看，有16.9%的受访者表示学习过大布、绣活的手艺。其中，有25.4%的女性受访者表示有过学习经历，男性受访者的比例只有4.9%。男女受访者都有近二分之一的人表示自己有兴趣并会考虑学习大布、绣活等传统手艺，但表示无兴趣的男性受访者明显高于女性，几乎占到了男性受访者人数的一半。这表明大布、绣活等乡村手艺的传承前景相对较好；学习过乡村手艺或对学习乡村手艺有兴趣的群体占绝大多数，但是在比例上具有明显的性别差异。具体情况见表1-5。

表1-5　不同性别群体对学习大布、绣活的兴趣情况（单位：人;%）

		有过学习经历	有兴趣会考虑学习	无兴趣	合计
性别	女	25.4	47.4	27.2	100.0（114）
	男	4.9	48.8	46.3	100.0（82）
男女综合占比		16.9	48.0	35.1	100.0（196）

有效样本：196　缺失值：1　p=0.00

H县的大布、绣活等也在不断创新。以绣活为例，在传统绣活作品中，大部分应用人物、风景、动物等图案题材表现祈求平安、吉祥之意，寄托了H县人民对美好生活的向往。随着时代的变化，绣活作为服装设计的重要工艺手段，也不断更新和创新，绣活图案题材也越来越多样化。

3. H县传承与创新乡村文化景观资源的状况

乡村文化景观在新时代美丽乡村建设中，起到传承地域文化、营造特色景观、保留乡土记忆的重要作用。乡村文化景观作为传统乡村社会人与自然和谐共生的生存方式的体现，对其价值的衡量与重塑，对乡村文化的传承和延续，提升其价值内涵，实现乡村文化的全面振兴有着重大意义。H县非常重视乡村文化景观资源的挖掘，并且得到了当地人的认可。我们在调查中，25.5%的受访者认为H县乡村文化景观建设非常好，49.0%的受访者认为乡村文化景观建设比较好。可见，大多数群众对H县乡村文化景观建设是满意的。具体情况见表1-6。

表1-6 受访者对乡村文化景观建设现状的态度（单位：人;%）

态度	样本数	有效百分比
非常好	50	25.5
比较好	96	49.0
比较差	44	22.4
非常差	6	3.1
合计	196	100.0

有效样本：196　　缺失值：1

相关部门十分注重乡村景观的维护和修缮。比如T塔经过了多次修复和重建，素有“塔兴镇兴，塔荒镇荒”之说。Q镇C街在1988年被国务院列入全国文物重点保护单位，1992年入选全国历史名镇。改革开放后，Q镇专门成立了文物管理所，以加强文物保护。H特色小镇按照“依山水、兴文体、聚门首、展长胜”的规划理念，新建民居40户，改建民居102户，同时建设了酒店、党群服务中心、村民活动中心、福利院、幼儿园、非遗文化街等公共建筑及门首塘广场、村民文体广场、希望农庄等公共配套设施，人居环境得到大幅提升，为当地丰富的文化习俗的传承与保护创造了良好的条件。

4. H县传承与创新乡村节日与习俗资源的状况

关于乡村节日与习俗资源的挖掘、传承与创新问题，绝大多数受访群众都表示节日与习俗应当得到保护与保留。具体情况见图 1-1。

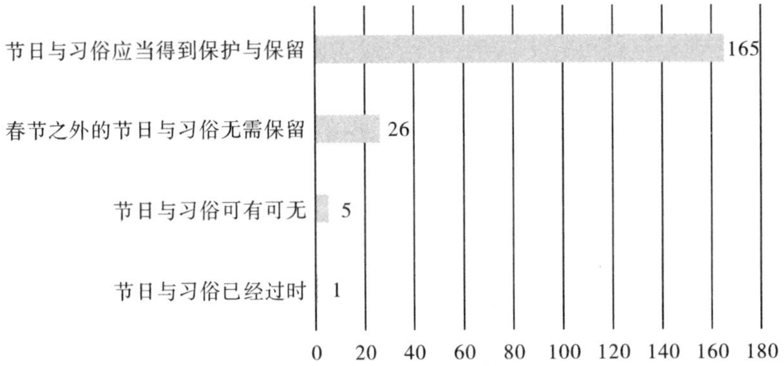

图 1-1 受访群体对乡村节日与习俗资源的挖掘、传承与创新的态度（单位：人）

在走访和调查中，我们发现 H 县在挖掘乡村节日与习俗资源方面是重视并有所作为的，如 Z 湾对舞龙习俗的深度挖掘、传承与创新。舞龙在 H 县历史是较为悠久的，Z 湾不仅为舞龙活动的开展提供了地域背景，也为舞龙习俗的生成和发展提供了文化土壤。Z 湾深度挖掘舞龙活动的文化精神内核，即 H 县人民在古代颠沛流离的生活状态下祈求美好的心灵慰藉和摆脱命运疾苦的精神寄托。在此基础上，结合新时代村民回归集体、在集体中寻找归属感的愿望，重振舞龙习俗，在传承舞龙习俗的三个基本要素即神龙信仰、仪式过程和文艺表演的基础上，将继承传统民间艺术与增添社会主义新文艺相互融合，改造打湘莲，增加打腰鼓，赋予活动新的时代内涵。但是，大多数受访者对 H 县乡村节日与习俗的挖掘、传承与创新状况并不太满意，比如，在回答“您认为本地对乡村节日与习俗的挖掘、传承与创新如何?”时，55.3%的受访者表示一般，14.2%的受访者认为较差，只有 10.2%的受访者认为很好，20.3%的受访者认为较好。具体情况见表 1-7。

表 1-7 对本地乡村节日与习俗的挖掘、传承与创新状况的评价（单位：人;%）

态度	频率	百分比	有效百分比	累积百分比
很好	20	10.2	10.2	10.2
较好	40	20.3	20.3	30.5
一般	109	55.3	55.3	85.8
较差	28	14.2	14.2	100.0
合计	197	100.0	100.0	

有效样本：197 缺失值：0

另外一组关于 H 县每年开展传统节日与习俗活动的次数的数据，也可以印证为什么受访者对传承情况不太满意。在调查中，共计 80.7%的受访者表示H县每年都会举办1次及以上的乡村节日和习俗活动，10次以上的赞同比例下降为16.2%，19.3%的受访者表示当地几乎没有乡村节日与习俗活动。从这组数据可以作如下推论：H县每年有开展乡村节日和习俗活动，但并不多，基本是10次以下。具体情况见表1-8。

表1-8 本地举办乡村节日与习俗活动的频率（单位：人;%）

次数	样本数	有效百分比	累积百分比
每年20次以上	13	6.6	6.6
每年10～20次	19	9.6	16.2
每年2～10次	74	37.6	53.8
每年1次	53	26.9	80.7
几乎没有	38	19.3	100.0

有效样本:197 缺失值:0

分析Z湾对舞龙习俗的挖掘、传承与创新的努力同受访者态度的矛盾，我们推测原因可能有两个：一是受访者不理解乡村节日和习俗的内涵外延；二是受访者长期不在本地生活，对本地节日和习俗活动举办的情况不太了解。

通过以上关于H县四类优秀乡土文化挖掘、传承与创新的调查数据和信息的分析，我们的结论如下：

（1）挖掘、传承与创新优秀乡土文化，对提高H县文化软实力并带动经济发展，推动乡村振兴意义重大。宣传是乡土文化挖掘、传承与创新的一项基础工作。鉴于仍有不少居民对乡土文化不了解，而书籍报刊、文创产品等方面的宣传力度较小的实际，可以把文创产品和文化刊物作为宣传优秀乡土文化的重要突破点。

（2）由于农业人口减少、农耕教育缺失、耕地面积减少和相关制度缺失等，传统农耕文化的传承和发展面临较大问题。

（3）乡村手艺的传承情况总体较好，拥有多个非物质文化遗产项目。在政府帮扶和手艺传承人的带领下，乡村留守妇女积极参与，为乡村手艺的挖掘、传承与创新创造了良好的条件。

（4）乡村文化景观资源的挖掘、传承与创新较好。T塔、C街、H特色小镇等多个乡村文化景观建设点，保留了其浓厚的历史文化底蕴和传统民居民俗元素。大部分居民也对H县乡村文化景观建设情况表示满意。

（5）Z湾舞龙、荡腔锣鼓等传承至今的习俗，随着社会经济的发展变化，受到新媒体和新的娱乐方式的冲击，传承、创新、发展仍面临不少挑战和困难。

五、H县优秀乡土文化传承与创新中存在的主要问题

H县在实施乡村振兴的实践中，非常重视挖掘、传承与创新优秀乡土文化，并且在各行政村积极推动，取得了一些较为有成效的示范案例，但不可否认还存在一些问题。

（一）农耕文化挖掘、传承与创新中存在的问题

关于农耕文化挖掘、传承与创新存在的挑战，大部分受访者认为是农村耕地面积减少、农业活动人员减少、农耕教育缺失。在197位受访者中，认为从事农业活动人员减少的个案百分比占76.1%，占比最多；认为农耕教育缺失、农村耕地面积减少、忽视农耕文化传播的个案百分比均在40%以上；认为农耕文化保护制度缺失、宣传工作不到位的个案百分比也分别占到了37.6%和31.0%。这表明，受访者对农耕文化传承与创新所面临的各种挑战有一定的认识。具体情况见表1-9。

表1-9 居民对农耕文化挖掘、传承与创新面临挑战的认识（单位：人;%）

农耕文化挖掘、传承与创新面临的挑战	响应		个案百分比
	样本数	百分比	
农村耕地面积减少	84	14.5	42.6
农业活动人员减少	150	26.0	76.1
农耕文化保护制度缺失	74	12.8	37.6
农耕教育缺失	92	15.9	46.7
宣传工作不到位	61	10.6	31.0
忽视农耕文化传播	88	15.2	44.7
其他	13	2.2	6.6
不了解	16	2.8	8.1
总计	578	100.0	293.4

结合访谈、实地考察数据，H县农耕文化在挖掘、传承与创新中存在的问题，可以归纳如下。

1. 农业生产人口减少的冲击

随着城市化进程的逐渐深入，越来越多农村人口，尤其是青壮年劳动力涌入城市。大部分老年人由于身体原因，不太能适应现代农业的生产经营模式，放弃了农耕生活，从事农耕生产的村民数量减少，这从表 1-10 中可以得到一点印证。劳动力的大量外流，在破坏农村传统家庭关系的同时，建立在共同劳动和生存基础上的农俗活动传统也逐渐淡去。

表 1-10 农耕生产参与情况（单位：人;%）

	农耕生产参与情况	样本数	百分比	有效百分比	累积百分比
有效	从来没有参与	27	13.7	13.8	13.8
	曾参与过，现在未参与	112	56.9	57.1	70.9
	偶尔参与	26	13.2	13.3	84.2
	经常参与	31	15.7	15.8	100.0
缺失		1	0.5		
合计		197	100.0		

有效样本：196 缺失值：1

2. 农耕文化遗产保护力度不足

村落文化景观承载着人们的共同记忆，寄托着人们的历史认同、自豪感和归属感。乡村传统的村落、独特的建筑布局是农耕文化几千年的积淀，但是，在工业文明的强势冲击下，农村耕地面积不断减少。一些乡村为了短期利益，大兴土木，用千篇一律的钢筋水泥建筑破坏了乡村原有的自然风貌，侵蚀着农耕文化的滋养根基。再加上农耕文化遗产缺少权威性认定，法律法规尚不完善，无法纳入法制保护范围，导致农耕文化遗产被破坏。

3. 群众对保护工作的不理解、不支持

有些村民对党和国家的政策了解不足，某些居民对于农耕文化保护的相关工作仍然不支持、不理解。Z 湾的村支书告诉我们，无论是 H 特色小镇拆迁落户还是智慧农庄的修建，总有村民由于利益的分配而拒不配合。虽然最后在基层党支部成员的耐心沟通和交流下，大多数村民选择了同意，但是仍有少数居民在小镇建设中捣乱耍滑。这就导致了相关保护工作的开展十分艰难，相关干部与村民之间的矛盾也较为严重，进一步导致沟通交流难度加大。

（二）乡村节日与习俗挖掘、传承与创新中存在的问题

关于乡村节日与习俗挖掘、传承与创新中存在的问题，归纳起来，主要有如下方面。

1. 受到现代化、城市化和市场化的冲击

随着现代化、城市化、市场化的发展，农民的生活习俗处于传统与现代发展的夹缝之中，传承发展面临困境。虽然村民的身份依然是农民，但其生活模式已经跨越传统的框架。今天的H县乡村，放眼望去，到处都是城市化的建筑构造和生活习惯，传统的生活习俗逐渐被淡忘。另外，商业文化的侵占，不少农民也逐渐习惯于用商业眼光看待自己的日常生活习俗，尤其是用金钱价值来衡量日常生活习俗是否值得做，或是以金钱和排场来放大日常生活习俗，使得质朴、优秀的乡村习俗发生了变化，传承难度也随之加大。

2. 人口流失严重，传承出现断层

随着城乡边界的逐渐模糊，更多的农村人口选择去城市里发展，其中，主要为青壮年。青壮年转移到城市发展，导致乡村节日与习俗无法完成代际传递，出现断层，进而导致H县一些优秀的乡村节日与习俗逐渐消失。

3. 重视和保护力度不足

荡腔锣鼓在1949年前属H县流传最广的一种民间文艺表演形式，当时全县表演班子不下百套。荡腔锣鼓的技法、乐谱靠师徒口授代际传承，没有完整的文字记载。随着时代的变迁，一些技法、乐谱遗失。现今H县能全套表演的荡腔锣鼓班子只剩下4套。2011年，荡腔锣鼓被列为湖北省非物质文化遗产名录，H县荡腔锣鼓才开始有新的创作。

4. 当地居民缺乏传承乡村艺术的兴趣

舞龙作为H县的民间习俗虽然一直存留，但人们对舞龙民俗的文化内核却是生疏和漠视的。尽管现今的舞龙在规模上不断壮大，却少了许多沉浸其中的忘我和心灵交汇的愉悦，更像是流于形式的娱乐表演。另外，当地人对传统艺术的更新改造也是兴趣乏乏，民间艺人青黄不接，60岁以下的民间歌手屈指可数，40岁以下懂得传统习俗的人寥寥无几。荡腔锣鼓也面临相似的窘境，青年人学习兴趣不高，传承面临困境。

（三）乡村手艺挖掘、传承与创新中存在的问题

关于乡村手艺挖掘、传承与创新中存在的问题，归纳起来，主要有如下方面。

1. 年轻人学习积极性不高

通过走访调查，H 县当前学习继承传统手艺的主要人群为留守妇女与老人，每年开设的绣活教习班中，也多以 70 后为主，80 后较少，90 后几乎没有。年轻人普遍认为，传统手艺既枯燥难学又落后保守，收入又低，因而不愿意学习。另外，机器化大规模生产也加剧了对传统手艺产品的排挤效应，不少专业人员也纷纷转行，这都使乡村手艺的传承与创新面临人才短缺的困境。

2. 手艺产品的衍生文创产品不足

H 县传统手艺的从业者普遍年龄较大，所生产的产品及样式也较为传统，表现为纯复古的样式，在创意研发、图案设计上都存在滞后时代的情况，与现代年轻人为主的消费群体的审美需求产生错位。由于手艺传承人的创新意识不足、专业创意设计研发团队体系不完善、市场产品类型单一等问题，导致手艺产品在 H 县的衍生文创产品稀少。

3. 冒牌货削弱正宗产品的市场竞争力

以正宗 H 县大布、H 县绣品为名的商铺鱼目混珠，一些商家将假冒产品打上“H 县大布”的招牌售卖，价格低于正宗的 H 县大布，销量高于正宗大布。传统手工技艺产品因耗时、费力、成本高，在市场竞争中处于弱势，这使得正宗大布不得不依靠低利润的销售方式保持销量。长此以往，导致“劣币驱逐良币”，正宗大布生产缺乏动力。

4. 手艺产品销售渠道单一

H 县手艺产品的销售渠道以线下门店为主，只有少数产品开设了线上销售。网店销售的品种单一，个性化选择少，宣传图片与视频少，产品特色不够鲜明。

（四）乡村文化景观挖掘、传承与创新中存在的问题

H 县乡村文化景观在挖掘、传承与创新中存在的问题，归纳起来，主要有如下方面。

1. 景观功能单一、程式化、趋同化

H 县乡村景观开发主要是以观光旅游为主，与景观配套的活动开发不够。相较于井冈山、西柏坡等比较成熟的文化景观资源的开发利用，H 县

的乡村景观还存在表现手段单调，缺乏体验性、参与性和吸引力等问题。

2. 基础设施建设不完善

以Q镇C街为例，小组成员前往该地时，交通较为不便，不仅车辆少，道路状况也较差，路面破损。餐饮、住宿、停车场、绿化等配套设施不健全，服务水平较低。一些旧址建筑物外立面参差不齐、风格各异，破坏了景观的整体性。

3. 景观缺乏保护与维修

被称为古八景之一的T塔，是H县最古老的砖石建筑之一，塔外风蚀破损严重，大大降低了景观的观赏性。

4. 村民的景观价值感知普遍缺乏

所谓景观价值感知，是指村民在与景观的互动中，将人的价值赋予与景观联系起来，不断强化地方认同，对文化景观形成更深刻的情感联系、态度选择和行为倾向。H县村民对本地区文化景观的保护与自觉传承的责任感与主动性较低。

六、H县优秀乡土文化传承与创新的有效路径

随着现代化、城市化、市场化的进程加深，H县优秀乡土文化资源也存在着逐渐流失的不利因素，如不及时地挖掘、传承、创新，必将影响H县乡村振兴的文化基础。应该多措并举，充分挖掘、传承、创新优秀乡土文化资源，发挥其在乡村振兴中的基础性作用。

（一）农耕文化传承与创新的有效路径

推动农耕文化挖掘、传承与创新，必须对其发展中存在的问题对症下药，使其在现代化进程中焕发生机，守住农业文明的根与魂。

1. 农耕文化与旅游相结合

要大力促进农耕文化与旅游相结合，提高当地居民收入，减少农村人口流失。推进土地流转、综合管理，带动本地区经济发展，促使村民收入不断增长。打造独有的乡居韵味，吸引更多的参观者，提高其知名度和竞争力。总结本地农耕文化特点，明确开发主题，开发旅游项目，设计文创产品，提高乡村旅游的经济效益和社会效益。

2. 甄别和调查农耕文化资源，提高农耕文化保护力度

成立专门的农耕文化遗产保护工作小组，对本地的农耕文化、乡村手艺、景观遗存、节日习俗等资源进行甄别，对其中有价值的乡土文化资源

进行保护。保护传统村落，珍惜、保护和利用原本的自然资源和传统乡村特色，拒绝盲目城镇化。完善对乡土文化遗产保护的法律法规，把乡土文化的挖掘、传承与创新纳入法律保护。建设乡土文化博物馆或者文化馆，统一管理乡土文化的挖掘、传承与创新。

3. 重视游客对农耕文化的参与性和体验性

重视游客对农耕文化的参与性和体验性，将文化性与趣味性充分结合。举办农耕文化节，使游客获得娱乐、审美、亲历的体验，在田间地头深刻感受到农耕所带来的喜悦和乐趣。开展“体验一天农民，欣赏农耕乐趣”的项目，通过使用水车、石磨、石碾等传统农具，让游客沉浸在农耕文化的古朴韵味之中，借助具有农家特色的乡间菜肴，使游客体验乡土风情，感受传统生活方式，让心灵重新落脚在安逸舒适的田园之中。

4. 加大对国家相关政策和法规的宣传力度

加强国家政策的宣传力度，引导村民清楚地了解政策法规。通过宣传板报、组织会议等方式，引导村民正确认识新农村建设的重大意义，调动村民积极自觉地投身文明村建设。做好村民思想政治教育工作，加强与拒不配合工作的村民的沟通交流，向其阐明其中的利害关系，减少工作推进中的阻碍。

（二）乡村节日与习俗传承与创新的有效路径

推动乡村节日与习俗的挖掘、传承与创新，需要针对其存在的问题，多方面主体合力，探索解决路径，以推动乡村振兴战略的深入实施。

1. 发挥政府主导作用，加大政府支持力度

加大民俗文化管理体制的改革，制订挖掘和保护民俗文化发展总规划。成立专门组织，对乡村节日与习俗进行集中整理和统计，建立数据库。参照国家惠农措施，对乡村农民艺人实行财税优惠政策。设置专项扶持基金，资助即将失传的乡村艺术。积极搭建活动平台，加大宣传力度。创建民俗活动表演平台，不断创新表演形式，推动H县本地的特色乡村艺术走出去，走向更大的舞台。

2. 发挥教育优势，拓展乡村节日与习俗的教育路径

积极推进乡村节日和习俗融入教材，开发校本课程。营造良好的学习和传承优秀习俗文化的氛围，通过路牌、建筑、教室、街道、走廊等载体，宣传舞龙、荡腔锣鼓等乡村节日和习俗。同时，开展青少年体验式学习，使他们在感受民俗文化魅力的同时，对乡村习俗文化产生兴趣。建立

乡村习俗与艺术文化相关的惠民工程，开展文化艺人下乡指导扶教活动。在各村建立民俗文化展示厅，搭建民俗文化娱乐广场，重点打造文化示范片区，营造良好的优秀习俗传承氛围。

3. 加大对乡村习俗艺术人才的培养力度

地方高等学校、职业院校联合利用教育培训资源，开展职业培训，灵活设置专业（方向），创新人才培养模式，全面动员和吸收社会力量传承和创新优秀的乡村习俗文化。增强乡村习俗与艺术教育的师资力量，解决师资的瓶颈问题。增强乡村节日与习俗的传承与传播力量，使其代代相传，增强乡村振兴的驱动力，推动乡村振兴战略的贯彻实施。

（三）乡村手艺传承与创新的有效路径

推动乡村手艺的挖掘、传承与创新，需要针对其存在的问题，多措并举。

1. 建立传承人培训基地，加强与周边高校合作

开设传统手艺教习班，招收社会人员、大学生、民间艺人等，对他们进行技能培训。协同地方高校，合力构筑乡土文化传承与创新的多级人才培养体系。为高校学生提供实习与社会实践的平台，吸引他们感受并参与非物质文化遗产的传承与保护。

2. 建立生产基地，传统手艺规模化生产

政府支持，企业努力，建立生产基地，引入机器生产，促进传统手艺向“机器＋人力”转型。在保有传统手艺文化内核的基础上，适当使用机器生产，降低人力和物力成本。规范生产技术标准，统一原材料进货渠道，根据市场需求改良创新。利用集群化效应，扩大产业规模，打造集加工、贸易及文化于一体的产业园。

3. 强化市场监管，完善投诉举报制度

加强市场监管，规范管理市场上的手工艺产品。严格从业资格的审批审核，规范流通市场。严格销售准入制度，防止不法经营者有机可乘。加强消费者知识产权保护宣传教育，完善投诉举报制度。

4. 推动产品创新，拓宽销售渠道

在保留手工艺品原有神韵的基础上，把传统文化理念的精髓与时尚和现代感的设计理念相结合，设计出既符合大众审美又彰显流行元素和时尚的产品。利用抖音、快手、微商、淘宝等电商平台，将产品推向更广的消费群体，树立良好的品牌形象。

（四）乡村文化景观传承与创新的有效路径

推动乡村文化景观的挖掘、传承与创新，需要针对其存在的问题，多措并举。

1. 建立城乡要素双向流动机制

创新城乡融合要素发展思路，畅通城乡人才双向流动通道，全面盘活城乡两端人才资源，带动产业、资本等要素在城乡之间良性循环，为乡村振兴赋能，为构建双循环新格局提供重要支持。完善农业转移人口市民化推进机制和城市人才入乡激励机制等，逐步缩小城乡发展差距和居民生活水平差距，不断提升农民收入，从而提升乡村发展水平，赋能乡村振兴。

2. 盘活地方特色文化资源

融合传统习俗和红色文化的地域特色，促进展现乡村景观的“乡土风情”与现代生活的“国潮时尚”的融合共生。推进文旅融合，促进传统文化景观资源的创造性转化和创新性发展，提升乡村景观的文化品质和吸引力。打造地方特色文化资源挖掘、传承与创新的重要阵地，拉动地方经济发展，为实现全面乡村振兴提供物质基础。

3. 加强乡村文化景观的保护

保护自然和谐的民居外部空间形态，保持具有丰厚文化底蕴与革命意义的传统建筑风格。鼓励社会力量参与公共文化服务，做好精神文化的积极引导，激发村民的保护与创造热情。鼓励家庭传承和社会传承相结合，保持传承人的相对稳定性，对乡村文化景观传承的家庭予以关照和物质支持。因地制宜规划好乡村文化景观，加强独具特色活动的开发，寓文化景观价值于游览观光活动之中，提升文化景观的可体验性。综合衡量市场与游乐活动的需求，拓宽人们体验参与的渠道，增强文化景观的吸引力与竞争力。

参考资料

［1］芦荣，杨爱杰．红安民间传统文化的保护与发展［J］．学习月刊，2016（4）：15-16．

［2］张立平，张爱萍．乡村振兴背景下社会主义核心价值观引领乡村习俗探究［J］．学校党建与思想教育，2021（11）：90-92．

［3］张晓舒．湖北红安张家湾舞龙研究［D］．武汉：华中师范大学，2011．

[4] 欧阳勇锋，黄汉莉．试论乡村文化景观的意义及其分类、评价与保护设计［J］．中国园林，2012（12）：105-108.

[5] 孙艺惠，陈田，王云才．传统乡村地域文化景观研究进展［J］．地理科学进展，2008（6）：90-96.

[6] 李军，梁越．乡村振兴背景下乡村文化景观保护与利用策略研究：以巢湖市小俞村为例［J］．城市住宅，2021（6）：69-73.

[7] 任新光，崔永敏，杨东宇．乡村振兴视域下黑龙江乡村文化景观保护性发展［J］．山西青年，2021（3）：115-116.

[8] 刘永飞，许佳君．困顿与转型：乡村手艺产业的社会建构：江苏福乡柳条编织技艺产业的拓展个案研究［J］．南京农业大学学报（社会科学版），2017，17（1）：136-143.

团队队长：罗懿滢

团队成员：卢若寒　杨　杭　楚湘云　官　珺

指导老师：朱桂莲

附件一

关于乡村振兴视角下优秀乡土文化传承与创新的调查问卷

亲爱的朋友：

您好！我们是中国地质大学（武汉）的调查员，为了解当前优秀乡土文化发掘、传承与创新状况，探索有效促进乡村振兴的渠道，我们特组织了此次调查。本调查不用填写姓名，答案也没有对错之分，我们将对所有填写资料保密，只以统计分析的方式出现。您的答案对我们的调查意义重大，请您根据自己的实际情况，在合适的答案号码上进行填写。

衷心感谢您的支持与合作！

《乡村振兴视角下优秀乡土文化传承与创新》课题组

一、基础信息

1. 您的性别：

○男　　○女

2. 您的学历：

○小学　○初中　○高中　○大学及以上

3. 您在本地的居住时间：

○一年及以下　○一年至三年　○三年以上

二、优秀乡土文化挖掘、传承与创新状况

1. 您是否同意农耕之外应当继续学习？

○非常同意　○比较同意　○无所谓　○不同意　○非常不同意

2. 您对学习绣活、大布制作的手艺有没有兴趣？

○有过学习经历　○有兴趣会考虑学习　○无兴趣

3. 您认为本地乡村文化景观的建设如何？

○非常好　○比较好　○比较差　○非常差

4. 您认为乡村节日与习俗应该挖掘、传承与创新吗？

○节日与习俗应当得到保护与保留

○春节之外的节日与习俗无需保留

○节日与习俗可有可无

○节日与习俗已经过时

5. 您认为本地对乡村节日与习俗的挖掘、传承与创新程度如何？

○很好　○较好　○一般　○较差

6. 您所在的地区举办乡村节日与习俗活动的频率是？

○每年20次以上　○每年10～20次　○每年2～10次

○每年1次　○几乎没有

7. 您认为当前农耕文化的挖掘、传承与创新面临哪些挑战？（多选）

○农村耕地面积减少　○农业活动人员减少

○农耕文化保护制度缺失　○农耕教育缺失　○宣传工作不到位

○忽视农耕文化传播　○其他　○不了解

8. 您是否参与过农耕生产？

○经常参与　○偶尔参与　○曾参与过，现在未参与

○从来没有参与

附件二

关于乡村振兴视角下优秀乡土文化传承与创新的访谈记录（摘录）

访谈记录 1
一、基本信息 访谈对象：大布传承人　　　　　访谈时间：2021 年 7 月 3 日 访谈地点：C 街大布门店　　　　访谈记录人：卢若寒 访谈主题：H 县大布手艺的传承与创新情况
二、访谈内容 问：您从事大布制作工作多久了？ 答：我是家族中大布制作的第六代传人，目前已经有几十年了。 问：您怎样看待大布的意义？有什么让您印象深刻的故事？ 答：大布的手工艺，在我们那个年代，是展示自己才能的一种方式。比如，结婚时大家都来看新娘的手艺。大布是前辈们留给我们的宝贵手艺，我们应该好好地传承下去。在我印象中记忆最深刻的，是我去参加上海世博会，当时我不知道什么是世博会，湖北文化馆邀请我去上海，在湖北馆里，我在那里边织边唱，很受人们欢迎。 问：手工生产一匹大布，大约需要多少时间？销量怎样？ 答：根据花纹和每一匹布的具体情况，时间有所不同，没有固定的生产时长。大布的利润不高，市面上的假冒产品较多，涨价比较困难。不过，我们通过门店和网店进行销售，目前总体销量还不错。 问：假冒产品是工业生产的大布吗？工业大布与手工大布如何识别？ 答：是的。因为使用了相同材质的线，肉眼很难区别出二者的不同，但使用时会有明显不同质感。手工大布的生产，从种棉花到成品，共有 72 道工序。其中，主要流程有排版、上机等十一道工序。手工布在使用时不会起球、褪色。另外，工业布缺少了手工布的文化意义。 问：您了解文创这个概念吗？是否有过将大布做成文创产品的尝试？ 答：有所了解，也进行过一些文创产品的尝试，但难度较大。目前，我们主要是针对消费者的需求来改进我们的生产。

访谈记录2
一、基本信息 访谈对象：绣活传承人　　访谈时间：2021年7月4日 访谈地点：C街绣活门店　　访谈记录人：杨　杭 访谈主题：H县绣活传承与创新的情况
二、访谈内容 问：您接触绣活多久了？ 答：事实上从九岁起就开始接触了，从祖辈传下来的，目前已经绣了三十多年了。 问：您可以跟我们简要地介绍一下绣活吗？ 答：绣活是非物质文化遗产保护项目。其中，最有特色的是绣花鞋垫。绣花鞋垫在过去是作为定情物、嫁妆的，其针法是一代一代传承下来的，如网绣等。 问：目前绣活的传承与发展状况如何？ 答：依靠个人的力量是不够的，目前80后、90后的传承人很少。而且，绣活产品销售目前还是冷门，只限于门店展示。 问：您是否考虑过创新绣活产品，使之更加多样化，或者推进其工业化生产？ 答：我们也在做一些尝试，比如制作杯垫，以土坯墙裂纹为创意来设计产品绣纹等。暂时没有考虑工业化生产，因为这样就失去了传承的意义，况且，工业化也不是靠个人力量就可以实现的。 问：您在传承过程中遵循怎样的理念？ 答：保持原味，并根据时代改进创新。不能把从前的丢弃，也要进步，新老结合。一定要保留、挖掘、传承自己的针法。

访谈记录 3
一、基本信息 访谈对象：荡腔锣鼓传承人　访谈时间：2021 年 7 月 4 日 访谈地点：C 街绣活门店　访谈记录人：楚湘云 访谈主题：H 县荡腔锣鼓传承与创新的情况
二、访谈内容 问：您从事荡腔锣鼓演奏有多久了？ 答：我是从 2005 年开始学习的，一开始和我一起学习的有八九个人，但最后他们都没有学下去，唯独我坚持了下来。 问：荡腔锣鼓对于 H 县来说具有怎样的文化意义？ 答：国家对民俗、民间文化的重视力度不断加大，就像习近平总书记说的，“要让居民望得见山、看得见水、记得住乡愁”，山和水都比较好保护，但像荡腔锣鼓这类东西如果不传承，就不能被一代代记住和看到。 问：荡腔锣鼓在当地的传承情况如何？ 答：以前的情况不太乐观，但近几年来，我们开展了一系列的相关活动，并在县里获得了许多奖项，《中国文化报》记者也对此进行了特别报道，荡腔锣鼓现在在 H 县的影响力有了大幅提高。再加上县文化馆、非物质文化遗产保护中心的重视，目前荡腔锣鼓的发展形势是较好的，参与人数越来越多，参与度不断提高。我们村男女老少加起来，就有十套班子。 问：荡腔锣鼓一般用于什么场合？ 答：一般用于农村的红白喜事、开业庆典以及春节、元宵节期间的娱乐活动。 问：荡腔锣鼓和传统的民族打击乐有什么区别？有什么独属于它的特色呢？ 答：在不同的地方，表现形式有所不同。有些地方主要是打和吹唢呐，有些地方会边打边唱。每一曲的表现方式也不同，如同样的“牌子”，有两种打法，称之为“东路子”和“西路子”，意思就是一种曲牌两种打法。 问：我们看到的这些乐谱可以分为哪几类呢？ 答：包括很多，有古代行军打仗的、表达喜怒哀乐的以及婚丧嫁娶的，等等。 问：目前荡腔锣鼓发展中存在什么问题？ 答：最主要的问题是现在很多的年轻人不愿学，学习的兴趣不高。

访谈记录4

一、基本信息

访谈对象：村民　　　　　访谈时间：2021年7月5日

访谈地点：Z湾农户家　　访谈记录人：官　珺

访谈主题：H县农耕文化挖掘、传承与创新的情况

二、访谈内容

问：目前从事农耕生产的人多吗？

答：从事农耕生产的人还有，但大部分人都出去务工了，留下来的人不太多。

问：您能跟我们介绍一下当地农作物的种植和生产吗？

答：我们这里地属丘陵，水土比较好，比较适合种花生、红薯这一类的作物，一般4～5月份开始播种，然后到9月份成熟后采收。除花生、红薯外，还有茶叶、蜂蜜和一些扶贫产业如木耳、香菇、银耳、黄花菜等。

问：花生、茗茶、红薯是工业化生产还是传统方式种植？

答：主要还是传统方式种植，用锄头、耕牛来锄田、犁地。山区的田地是一小块一小块的，机器比较难进入，也比较难操作。

问：您觉得影响当前农业生产的主要因素有哪些？

答：种地无法带来好的经济效益，农产品的价格依旧很低，农药、化肥这些东西价格又高，加上人工成本，基本上是亏损的状态。所以现在这边基本上都是种给自己吃，很少有售卖的。

问：您这边有没有开发休闲旅游业？

答：有，因为我们这边是美丽乡村建设试点村，这里还有一个农耕文化馆，只不过来参观的游客比较少。

第二篇　全面推进乡村振兴背景下返乡农民工创业现状研究

——基于Y县H镇的调研

“农民工”一词，是我国城乡二元结构下的特殊产物。1984年，张雨林教授提出该词，以后逐渐成为特定人群的专有称谓。近年来，有学者认为，农民工这个群体具有户籍在农村，承包土地，从事非农产业的特点。我们认为，农民工是指户籍在农村，常住地在城市，以非农业收入为主要收入的劳动者。农民工返乡创业，是指户籍在农村、长期在城市就业的非农业劳动者，他们以非农业劳动收入为主，具有一定的资金、技术积累后，选择回乡进行的创业活动。创业地点不限于本村，也可以是本村周边的城镇。

一、选题的背景、目的和意义

2021年是“十四五”规划的开局之年，民族要复兴，乡村必振兴。党的二十大提出，坚持农业农村优先发展……加快建设农业强国，扎实推进乡村产业、人才、生态、组织振兴。随着工业化与城镇化快速推进，大量优秀青壮年离开农村，乡村人口老龄化、村庄空心化现象日趋严重。鼓励农民工返乡创业，有目的有计划地培养造就一支有文化、懂技术、善经营、会管理的新型职业农民队伍，形成人才与土地、资金、产业汇聚的良性循环，是乡村振兴战略中的重要举措。当前，农民工在返乡创业过程中仍存在资金申请难、手续审批难、政策知晓难、市场打开难等问题，迫切需要基层党组织和政府高度重视，采取切实举措为农民工返乡创业创造良好环境，助力其创业成功。Y县H镇位于湖北省H市，农村人口占全县总人口的60%，农民工返乡创业成为当地乡村振兴的重要途径。结合全面推动乡村振兴的时代背景，我们以Y县H镇为调研对象，全面调研农民工返乡创业的总体状况，剖析农民工返乡创业的动因，总结农民工返乡创业的经验，分析面临的现实困境，进而提出农民工返乡创业的对策建议，为进一步促进乡村人才振兴、乡村产业振兴乃至全面乡村振兴提供参考。

本选题主要试图解决如下问题：一是通过问卷调查、访谈等形式，从村镇干部和返乡创业的农民工这两端为切入点，全面了解乡村振兴背景下Y县H镇党委和政府对农民工返乡创业的支持情况、各村政策落实情况，全面把握H镇所辖各村农民工返乡创业的总体状况。二是总结Y县H镇各村推动农民工返乡创业的先进经验，找出农民工返乡创业的典型案例并总结H镇各村在推动农民工返乡创业的实际过程中存在的不足。三是了解农民工返乡创业的动因，挖掘农民工返乡创业背后的故事，深入细致地分析农民工返乡创业的动因并进行总结分类，找出典型案例。四是在与各村干部以及农户交流过程中探讨制约农民工返乡创业的现实因素，剖析农民工不愿回乡创业以及返乡创业却未能成功的原因。五是总结出具有针对性、实用性、创新性的对策建议与优化路径，为农村发展建言献策，激发农民工返乡创业动力，以人才振兴助推全面乡村振兴。

乡村振兴是指要在农村形成产业强、人气旺、乡村再建的新局面。返乡农民工中的一部分人视野开阔，懂技术、善经营，他们回乡创业将为乡村带来人才、资金、技术，给乡村注入活力，若成功将推动当地产业发展，带动更多农民致富，实现产业兴旺。研究农民工返乡创新创业的意义在于如下两个方面：

一是优化农民工返乡创新创业的路径，为当地政府决策提供参考。基于对Y县H镇农民工返乡创新创业实地深度调研，全面了解农民工返乡创业状况，当地政府部门采取的举措、取得的成绩、积累的经验及面临的现实困境，分析制约农民工返乡创业的瓶颈，揭示问题产生的原因。在此基础上，提出农民工返乡创新创业路径优化方案，助力乡村经济发展。

二是提出农民工返乡创新创业策略，助力乡村人才振兴与产业振兴。农民工返乡创新创业为乡村回输了大量优质的人才资源，应发挥党组织优势，助力农民工返乡创新创业，最大程度地留住人才。利用返乡农民工人脉及资源，形成多地联动，有助于推动当地产业的发展壮大，不断为乡村建设注入新鲜血液，助力乡村产业振兴。

二、全面推进乡村振兴背景下返乡农民工创业研究综述

随着返乡创业农民工成为乡村振兴的中坚力量，为农村经济发展带来

新的契机，政府及学者对政策研究及相关问题都予以了高度的重视。农业农村部办公厅在印发的《全国返乡入乡创业创新政策宣传周实施方案》的通知中指出，要进一步优化返乡入乡创业创新环境，吸引各类人才返乡入乡创新创业，激发农村创新创业动力和活力，以加快培育农村发展新动能，助力乡村全面振兴开好局、起好步。同时，学者们也就农民工返乡创新创业现状，以及动力、现实意义、模式、面临问题、应对措施等方面做了较为全面系统的研究。

1. 关于农民工返乡创业动力的研究

贺小丹（2021）认为，当前农民工回流趋势与新形势下的农村发展机会密切相关，是在务工城市“推力”与家乡发展“拉力”共同驱动下形成的。国内经济变化调整，农民工就业压力与日俱增。随着新农村建设的不断深化，农村经济条件有了大幅度的提升，促使农民工返乡创业。布俊峰（2020）则认为是农民工对故乡的眷恋情结，使得越来越多的农民工想返回家乡，通过创业来发挥自己的才能，实现自我价值。梁栋等人（2019）认为，是当前“民工潮”影响下的社会结构畸形，使得国家对劳动力的回流有了硬性要求，改变了当前不平衡的发展方式，走向了城乡深度融合发展、繁荣农业农村的现代化道路，扭转了农村劳动力长期大规模、单方向地由乡村流入城市的趋势。石智雷等人（2010）则总结了影响农民工返乡创业意愿的因素，包括家庭经济状况及返乡农民工的文化程度、个人信仰和生产积极性等。

2. 关于农民工返乡创业现实意义的研究

石丹淅等人（2021）认为农民工返乡创业具有明显的就业效应、经济效应和社会效应，能够促进当地就业，带动当地经济发展等。布俊峰（2020）认为对农民工个人而言，返乡创业能够获得来自家庭的幸福感，在获得经济财富的同时，实现个人价值，对整个社会来说，则有助于增加农村经济活力，缩小城乡差距，增加社会就业，促进家庭和睦及社会和谐。曹宗平（2021）则认为，农民工返乡创业有利于激活消费、推动经济高质量发展、降低社会综合治理成本和推动供给侧结构性改革。梁栋（2019）则表示农民工返乡创业是对城乡失衡的一种补充性修复力量，有利于激发农业农村现代化发展的内生动力。

3. 关于农民工返乡创业模式的研究

学者们对这方面的研究相对较少，贺小丹（2021）研究表明，农民工更倾向于选择生产性服务业为主的，有利于促进产业融合和推动产业链发展的行业。而刘志阳（2017）则发现，当前农民工返乡创业过程中体现出了经验驱动型和资源驱动型两种经典模式，且经验驱动型创业绩效更好，尤其是在服务业领域。石丹淅（2021）调查表明，农民工返乡创业主要集中在批发与零售业、住宿与餐饮业，生存型返乡创业逐渐向机会型返乡创业转变。

4. 关于农民工返乡创业所面临问题的研究

虽然农民工具有一定的城市打工经验，对于创业地和打工地经济发展形势的认知与了解有利于嵌入两地之间的经济与关系等，但从当代实践的客观情况来看，农民工返乡创业仍面临着诸多问题。杨秀丽（2019）认为农民工面临就业基数大、乡村振兴适切要求高等问题。布俊峰（2020）则认为其面临创业环境较差、创业资金匮乏、创业能力不足、创业扶持政策力度小等问题。王彦青（2020）表示，农民工返乡创业成功率总体上不高，创业主动性仍然偏弱，合作意识有待提高，产业层次属于低端，农民工对扶持政策不够知晓、资源攫取能力不强等，这些问题都亟待解决。文丰安、卢艺（2021）指出从总体上观察，农民工对返乡创业政策信息知晓率低，农民工返乡创业资金匮乏、自身能力不足、农村缺乏良好的创业环境构成了当前农民工返乡创业与乡村振兴联动机制的堵点。林忠良（2021）认为受信息传播过慢、缺少专人支持和缺乏相应政策支持的影响，农民工返乡创业环境受限。张富富（2021）则从企业产品供销、人才专业性角度提出产品竞争力不强、销售渠道单一、企业人才不足、员工频繁流动也是造成农民工返乡创业积极性与成功率不高的重要原因。顾奕凡、李艾娟、仝爱华（2021）则表示新生代返乡创业农民工存在创业融资难、政府落实工作有待加强等问题。

5. 关于农民工返乡创业问题应对的研究

布俊峰（2020）认为，要为创业农民工营造良好的创业环境，拓宽融资渠道，加强创业培训等。杨秀丽（2019）则表示，应当注重乡村振兴的统筹作用，凝聚创新精神的激励作用，发挥农民工主体作用，强化资本整合作用，发挥政府主导作用。刘玉侠（2019）表示，可以大力吸纳农民工入党，提高其在村庄公共权力领域的地位，同时，通过提升返乡创业者的人力资本水平，进而提升其政策获取能力。梁栋（2019）则提出，要完善相关机制，整合政策资源和各种力量服务好农民工返乡创业。李练军、杨石美（2021）指出，乡村振兴政策包括税费减免、技能培训、信息开放等对新生代农民工返乡创业成长绩效具有显著影响。张富富（2021）指出，国家惠农政策的相继实施、农村基础设施的改善，推动了农民工返乡创业。文丰安、卢艺（2021）则表示，在新发展阶段，农民工返乡创业与乡村振兴的联动机制优化路径有：加大返乡农民工创业政策宣传力度，提高农民工政策知晓率；拓宽农民工返乡创业融资渠道，提高农民工返乡创业意愿；加强农民工创新创业培训，提升返乡创业农民工综合素质；营造良好的创业环境，提高农民工返乡创业意愿。张富富（2021）强调，要围绕创业认知、创业能力、互联网应用能力加强创业培训，增强农民工返乡创业的内生动力。焦世奇、梁传波（2021）则指出，要确保农民工返乡创业引导措施的差异化，确保建立的农民工返乡创业政策环境具有多维度特点。

三、返乡农民工创业现状的调研分析

Y县H镇地处湖北省东北部的大别山腹地，区域位置相对优越，交通较便利，自然资源充足，红色文化资源优厚。H镇为山区，下辖20个行政村，约2.3万人。近年来，镇村两级党组织结合H市党委、Y县党委的总体部署，利用本镇优势，带领全体党员和农民群众推进“茶叶强镇、民营富镇、招商活镇、旅游兴镇、城建亮镇”建设，农民人均纯收入大幅上涨。H镇2020年政府工作报告中提出，将通过新建产业基地和引进能人回乡项目等举措，全力做好脱贫攻坚巩固提升和乡村振兴有效衔接工作。本调研以H镇的W村、J村、X村、H村、S村和Y村6个村为对象，对其返乡创业农民工进行了面对面访谈，并走访了20余个产业基地（企业），收集了大量的数据资料。数据的整理、研究和分析情况如下。

（一）问卷简介

1. 问卷设计

本次调查分别设计了针对农民工和村干部的问卷，每个问卷构成部分不同。针对农民工的问卷主要由三部分组成，第一部分为被调查者的基本个人信息，主要包括性别、年龄、受教育程度、婚姻状况、家人态度等几个方面；第二部分为被调查者外出务工情况，主要了解农民工在外务工情况以及创业经历；第三部分为被调查者创业情况，主要了解农民工的创业情况、创业途中政府政策的帮助以及全面乡村振兴战略背景下希望得到的扶持。针对村干部的问卷主要由四部分组成，第一部分为被调查者的基本个人信息，主要包括性别、年龄、所在村落和职务等情况；第二部分是被调查者所在村返乡创业基本情况，主要了解返乡创业人员的数量和主要从事的产业；第三部分是被调查者所在村所实施的政策情况，主要了解对于返乡创业农民工是否有政策支持和支持的主要范围；第四部分是被调查者对返乡农民工创业的认知，主要了解农民工返乡创业存在的困难和所需的政策支持。

2. 合理性分析

在正式调研之前，团队参考已有的研究资料和标准化问卷，在调研结束后整理样本数据并运用SPSS（社会科学统计软件包）对所回收的问卷进行信度、效度和因子分析，以检查所设计问卷的科学合理性，使调查结果能更真实可信地反映在全面乡村振兴背景下湖北省Y县返乡农民工创业现状，使分析更精确。

（二）面向农民工群体的问卷分析

团队以基层干部和广大村民为调研对象，依据对象特性分别发放干部问卷及村民问卷，共发放村民问卷107份，回收有效问卷107份，问卷的有效回收率为100%（采取一对一问卷发放填写的方式）。在调研后我们进行了数据统计录入，建立了Excel软件基本数据库，并运用SPSS进行了系统的统计分析，具体统计分析结果见下文。

1. 效度检验

效度是指问卷准确测量研究者所要测量的变量的程度。检验效度的主要指标和方法有表面效度、准则效度、结构效度。本研究主要针对结构效度进行检验。常用的检验结构效度的方法是探索因子分析法。本问卷采用KMO和巴特利特球形度检验，表2-1中效度指标KMO的检验值为0.640，大于0.6，说明问卷的结构效度良好。

表2-1 KMO和巴特利特球形度检验

KMO取样适切性量数		0.640
巴特利特球形度检验	近似卡方	26.284
	自由度	10
	显著性	0.003

2. 性别分析

全面乡村振兴背景下农民工返乡创业现状问卷（农民工版）的被调查

对象共18人，其中男性15人占83.3%，女性3人占16.7%（表2-2）。男性返乡创业者明显多于女性返乡创业者，符合当地的实际情况，因此调查结果具有代表性。

3. 年龄分布

本次调研对象之中，30岁以下的没有，31～40岁的占33.3%，41～50岁的占27.8%，51～60岁的占38.9%（表2-2）。由于调研中有些村落旅游业较为发达，不少家庭选择返乡发展农家乐等产业，因此可以看到中年农民工返乡创业占比较大。同时，在精准扶贫、乡村振兴政策的支持下，乡村基础设施建设得到完善，产业发展得到扶持，有一些青壮年劳动力选择返乡结合家乡特色进行创业，可以看出目前返乡农民工的年龄分布较为符合当地实际情况。

4. 文化程度分布

本次调研对象中，小学及以下学历占16.7%，初中学历占50.0%，高中/高职/中专学历占27.8%，大专及以上学历占5.5%（表2-2）。可以看出，目前在返乡创业的农民工中比较缺乏高学历人才，结合调研中返乡创业农民工的年龄普遍在30岁以上，Y县作为曾经的贫困县，乡村教育资源不足的旧情，结果符合当地实际情况。

表2-2 被调查对象的性别、年龄、学历、外出务工情况

<table>
<tr><td rowspan="2">性别</td><td>性 别</td><td colspan="2">男</td><td colspan="3">女</td></tr>
<tr><td>占比（%）</td><td colspan="2">83.3</td><td colspan="3">16.7</td></tr>
<tr><td rowspan="2">年龄</td><td>年 龄</td><td>30岁以下</td><td>31～40岁</td><td colspan="2">41～50岁</td><td>51～60岁</td></tr>
<tr><td>占比（%）</td><td>0</td><td>33.3</td><td colspan="2">27.8</td><td>38.9</td></tr>
<tr><td rowspan="2">学历</td><td>文化程度</td><td>小学及以下</td><td>初中</td><td colspan="2">高中/高职/中专</td><td>大专及以上</td></tr>
<tr><td>占比（%）</td><td>16.7</td><td>50.0</td><td colspan="2">27.8</td><td>5.5</td></tr>
<tr><td rowspan="4">外出务工情况</td><td>时 间</td><td>1年及以下</td><td>1～3年</td><td>3～5年</td><td>5～10年</td><td>10年及以上</td></tr>
<tr><td>占比（%）</td><td>0</td><td>11.1</td><td>16.7</td><td>33.3</td><td>38.9</td></tr>
<tr><td>积 蓄</td><td>1万以下</td><td>1万～3万</td><td>3万～5万</td><td>5万～10万</td><td>10万及以上</td></tr>
<tr><td>占比（%）</td><td>0</td><td>0</td><td>27.8</td><td>22.2</td><td>50.0</td></tr>
</table>

5. 外出务工情况

本次调查对象中，外出务工时间1年及以下的没有，1～3年占11.1%，3～5年占16.7%，5～10年占33.3%，10年及以上占38.9%

(表2-2)，可以看出农民工外出务工时间均较长。外出务工积蓄1万以下及1万～3万的均没有，3万～5万占27.8%，5万～10万占22.2%，10万及以上占50.0%(表2-2)，可见返乡农民工普遍有一定积蓄。

返乡创业前所从业领域制造业占50%，建筑采掘业占11.10%，住宿餐饮业占11.11%，交通运输业占16.67%，零售批发业占5.56%，其他服务业占5.56%，主要集中在工业和服务业(图2-1)。在外出务工期间有72.22%的受调查者无创业经历，27.78%的受调查者有创业经历(图2-2)。

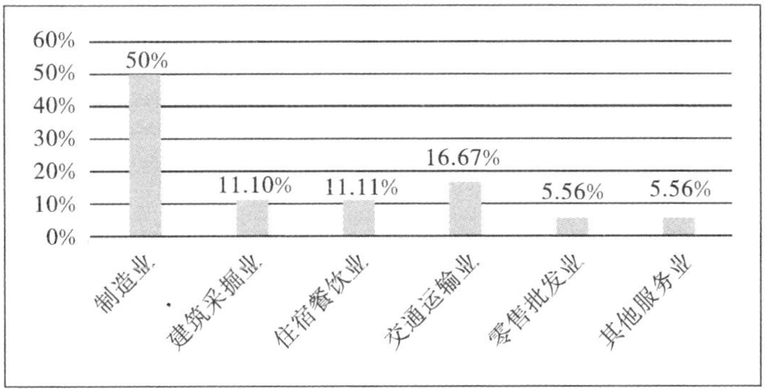

图2-1 被调查对象外出务工从业领域

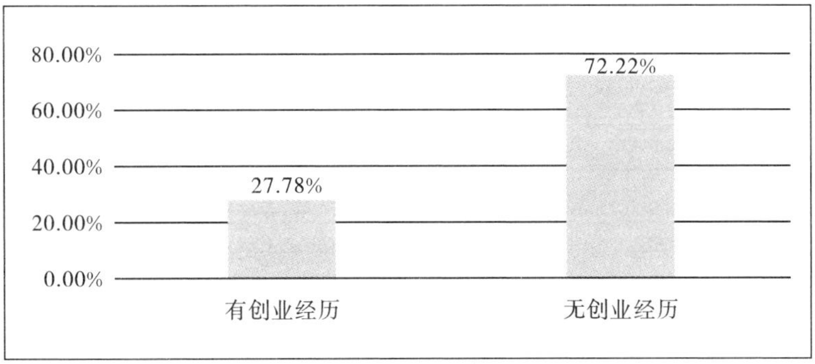

图2-2 被调查对象创业经历比例

农民工群体由于文化水平普遍不高，难以从事需要高文化程度的行业，外出务工的普遍是青年，因此大部分集中在劳动密集型产业，年平均收入较低，积蓄与务工时间成正比。同时只有不到三成农民工有过创业经历，这和农民工文化程度较低以及收入较低有很大关联。总体来看，调查数据符合当地实际情况。

6. 返乡创业基本情况

本次调查对象中，返乡创业选择制造业的占 11.10%，选择商业的占 16.67%，选择餐饮服务业的占 38.89%，选择农村旅游业的占 5.56%，选择特色种养殖业的占 22.22%，选择其他的占 5.56%（图 2-3）。目前创业成功的占 72.22%，还在创业途中的占 11.11%，处于创业困难期的占 16.67%（图 2-4）。受地理位置等多种因素的影响，结合家乡当地特色资源如旅游、茶叶等进行创业成为返乡农民工创业趋势之一。

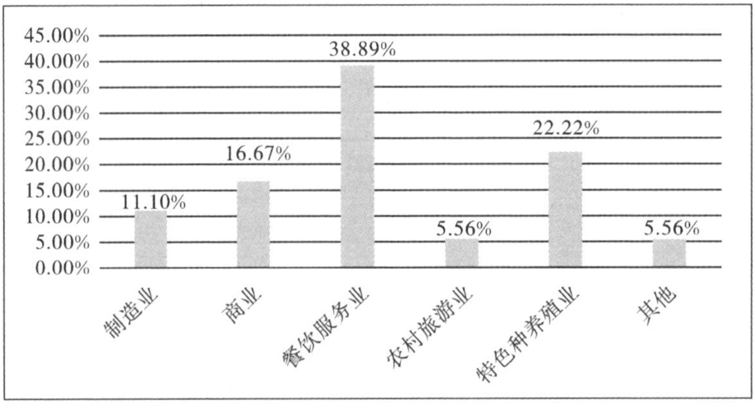

图 2-3　被调查对象返乡创业行业组成

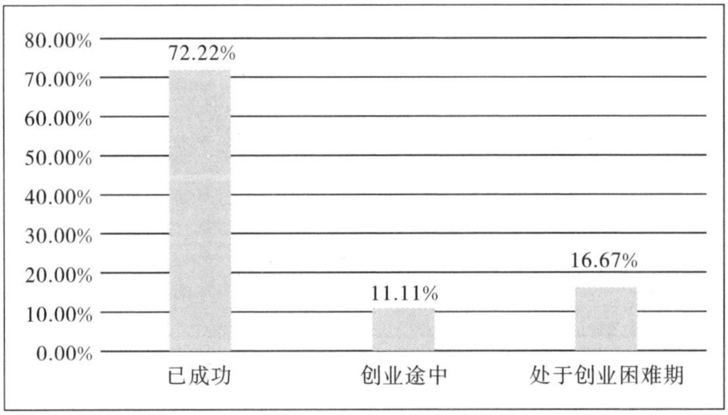

图 2-4　被调查对象创业情况

7. 返乡创业资金来源

本次调查对象的创业资金组成中均有自有积蓄，此外亲朋好友借助资金的占 27.78%，银行贷款的占 33.33%，民间借贷的占 11.11%，股份集资的占 5.56%，申请政府专项资金的占 33.33%（图 2-5）。在访谈中我们也了解到，除了专项资金之外，在银行贷款时政府也给予了一定帮助，可以看出返乡创业中政府给予了返乡农民工不小的支持力度。同时股份集资占比小，自有资金和亲朋好友借助资金占比较高，创业项目规模较小，结合农民工创业情况，调查数据符合实际。

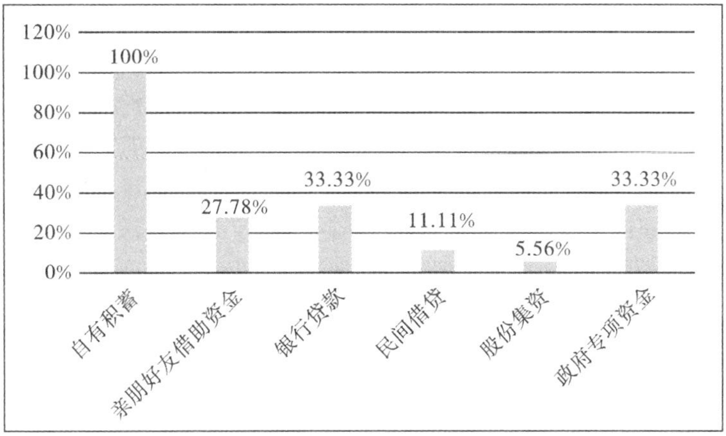

图 2-5　被调查者创业资金来源组成

8. 返乡创业原因

本次调查对象对返乡创业的原因，认为外出务工收入低的占5.56%，认为在外生活成本高、生活艰辛的占5.56%，认为家乡创业机会多、有适合项目的占33.33%，认为返乡创业收入可观的占16.67%，认为有政策支持、政策优惠的占27.78%，认为振兴家乡经济的占16.67%，认为可以发挥个人优势、实现自身价值的占16.67%，此外，出于家庭原因的占50%，

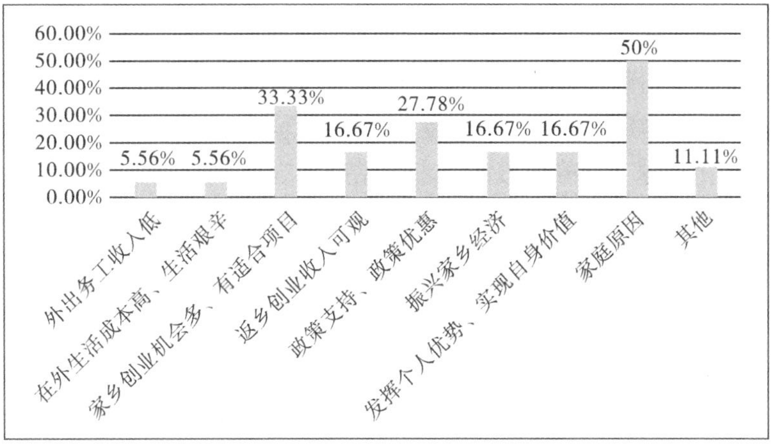

图 2-6　被调查对象返乡创业原因组成

其他原因的占 11.11%（图 2-6）。可以看出家庭因素对农民工返乡创业的影响较大，其次是家乡整体创业环境良好，在家乡情怀下农民工愿意返乡创业，符合当地实际情况。

9. 返乡创业风险

对于返乡创业风险，调查对象认为最大的挑战和风险是自然风险（由于天气、病虫害等引起的种养殖风险，地理位置和地形等引起的风险）的占 44.44%，认为是经济风险（由于市场供求、价格变动和资金链变动引起的经营风险等）的占 72.22%，认为是政策风险（由于税收加重、信贷紧缩、土地审批严格、环保要求引起的风险）的占 11.11%，认为是其他风险的占 5.56%，没有人认为是社会风险（由于合伙人撤资、倒戈，管理部门吃拿卡要引起的风险）（图 2-7）。可以看出经济风险对农民工返乡创业影响最大。

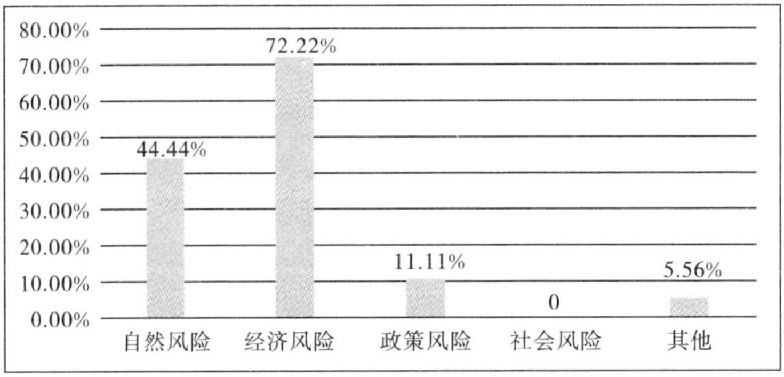

图 2-7 被调查对象返乡创业最大挑战与风险

10. 返乡创业所需条件与资源

对于返乡创业所需条件与资源，83.33%的调查对象认为需要经济资源（资金、实物资产、厂房、设备、运输工具等），11.11%的调查对象认为需要文化资源（良好的教育、专业的技术、互联网等通信工具的发展等），22.22%的调查对象认为需要社会资源（广泛的人脉、良好的声誉、亲戚朋友的大力支持等），27.78%的调查对象认为需要政治资源（政府政策支持）（图 2-8）。可见，返乡创业农民工对经济资源的需求很大，政治资源和社会资源的需求次之。

对政治资源需求，如图 2-9 所示，被调查对象中，认为需要政府提供市场信息、搭建创业平台的占 66.67%（图 2-9 中 1），认为需要放宽贷款条件、提供金融支持的占 50%（图 2-9 中 2），认为需要放宽用地限制、降低使用成本的占22.22%（图2-9中3），认为需要降低税负水平、提供税收减免的占22.22%（图2-9中4），认为需要提供创业培训服务、促进技能提升的占50%（图2-9中5），有其他需求的占16.67%（图2-9中6）。可见，返乡创业农民工对政府政策支持的需求是多样的。

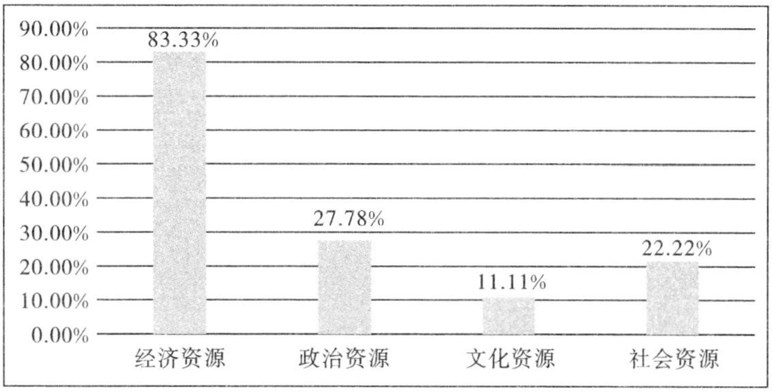

图2-8 被调查对象创业所需资源

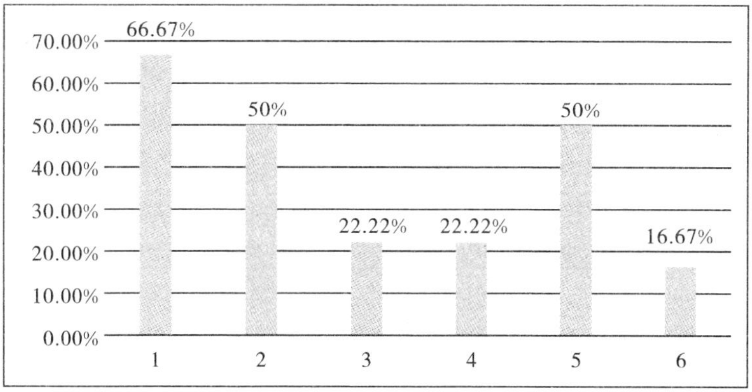

图2-9 被调查对象创业所需政策

11. 政府支持满意度情况

在被调查对象中，对乡镇政府对返乡创业支持感到很满意的占27.78%，感到满意的占44.44%，感觉一般的占22.22%，感到不满意的占5.56%（图2-10），可见绝大部分返乡创业农民工对于政府的支持力度感到满意，也侧面反映当地政府较为重视返乡农民工创业问题。

12. 文化程度与返乡创业所选择领域相关性

如表2-3所示，文化程度与农民工返乡创业所选择的领域存在显著正相关。返乡农民工的文化程度越高，所选择的创业领域对文化程度

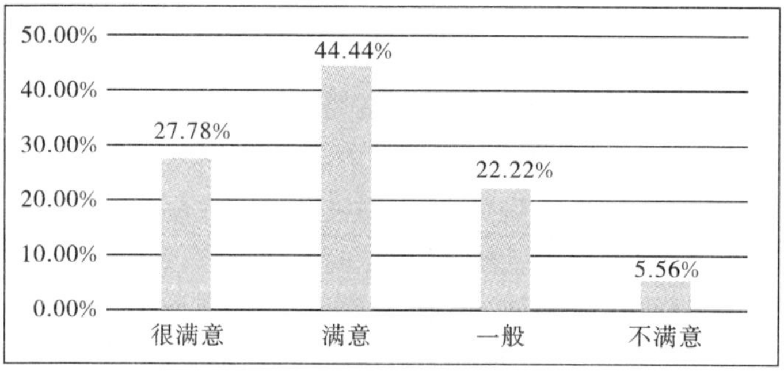

图 2-10 被调查对象对乡镇政府支持力度的满意度

的要求就越高，或对管理能力与合作的要求越高。所调研农民工中文化程度普遍较低，因此所选择的创业领域多集中在服务业和劳动型产业。

表 2-3 文化程度与返乡创业所选择领域相关性

		您的文化程度	您所选择从事的创业领域
您的文化程度	皮尔逊相关性	1	−0.150
	Sig.（双尾）		0.551
	个案数	18	18
您所选择从事的创业领域	皮尔逊相关性	−0.150	1
	Sig.（双尾）	0.551	
	个案数	18	18

＊＊. 在 0.5（双尾）水平上显著相关

13. 外出务工情况与返乡创业的相关性

从所选择的创业领域来看，根据调查数据可知农民工所选择的创业领域与外出务工情况呈显著正相关。如表 2-4、表 2-5 所示，农民工外出务工的时间、外出务工的积蓄与返乡后所选择从事的创业领域在 0.7（双侧）和 0.9（双侧）水平上呈显著正相关，说明农民工外出务工时间越长，所拥有的积蓄越多，返乡后就更倾向于选择启动资金更多的领域或创业规模越大。

表 2-4 外出务工的时间与所选择创业领域相关性

		您外出务工的时间	您所选择从事的创业领域
您外出务工的时间	Pearson 相关性	1	0.066
	显著性（双侧）		0.793
	N	18	18
您所选择从事的创业领域	Pearson 相关性	0.066	1
	显著性（双侧）	0.793	
	N	18	18

＊＊. 在 0.7（双侧）水平上显著相关

表 2-5 外出务工的积蓄与所选择创业领域相关性

		您外出务工的积蓄	您所选择从事的创业领域
您外出务工的积蓄	Pearson 相关性	1	0.017
	显著性（双侧）		0.946
	N	18	18
您所选择从事的创业领域	Pearson 相关性	0.017	1
	显著性（双侧）	0.946	
	N	18	18

＊＊. 在 0.9（双侧）水平上显著相关

如表 2-6 所示，农民工返乡前所从事行业与返乡后所选择创业领域在 0.9（双侧）水平上存在显著正相关。农民工返乡创业所选择领域与其在外务工从事行业高度重合，在外务工越长，职业选择就越趋同，这是因为返乡农民工除了考虑当地特色资源作为创业项目之外，往往会选择自己最擅长的领域，依靠从前的经验和人脉以减少创业失败的风险。

表 2-6 返乡前从事行业与所选择创业领域相关性

		返乡前，您所在的行业	您所选择从事的创业领域
返乡前，您所在的行业	Pearson 相关性	1	−0.007
	显著性（双侧）		0.978
	N	18	18
您所选择从事的创业领域	Pearson 相关性	−0.007	1
	显著性（双侧）	0.978	
	N	18	18

* *. 在 0.9（双侧）水平上显著相关

如表 2-7 所示，农民工在外务工创业经历与返乡后所选择创业领域在 0.2（双侧）水平上存在显著正相关，在外务工时期有创业经历、所选择的创业行业对农民工返乡后所选择创业领域也存在着影响。在我们所访谈的案例中，不少农家乐老板表示在外也曾开过餐馆，因此回乡后结合当地旅游业选择自己做厨师开农家乐进行创业。总体而言，在外务工情况对返乡后创业的选择存在较大影响。

表 2-7 外出务工创业经历与所选择创业领域相关性

		您外出务工期间是否有创业经历	您所选择从事的创业领域
您外出务工期间是否有创业经历	Pearson 相关性	1	−0.301
	显著性（双侧）		0.225
	N	18	18
您所选择从事的创业领域	Pearson 相关性	−0.301	1
	显著性（双侧）	0.225	
	N	18	18

* *. 在 0.2（双侧）上显著相关

14. 返乡创业领域与创业风险相关性

由表 2-8 可知，农民工返乡创业所选择的创业领域与创业风险之间总体上存在显著正相关。创业领域与自然风险之间在 0.2（双尾）水平上显著正相关，与经济风险在 0.3（双尾）水平上显著正相关，与政策风险在 0.6（双尾）水平上显著正相关，与社会风险无明显相关性。创业中，受政策风险的影响最大，其次是经济风险与自然风险。受自然风险影响的主要是特色种养殖业。受经济风险的影响不如政策风险大的原因是不管选择哪个领域都会存在经济风险，因此除了某些受经济评估影响较大的产业外，创业农民工在选择时不会受到影响。受到政策风险影响较大可能是因为 Y 县扶持政策更多倾向于茶产业和旅游产业。总体来说，在选择时农民工也会考虑风险因素的影响，例如在访谈中就有农民工提到因为当地扶持政策的产业倾斜而转变了创业方向，也有因为忽略经济风险而最后创业失败的案例。

表 2-8 返乡创业领域与创业风险相关性

		您所选择从事的创业领域	自然风险	经济风险	政策风险	社会风险
您所选择从事的创业领域	皮尔逊相关性	1	−0.275	0.219	0.129	.[a]
	Sig.（双尾）		0.269	0.384	0.609	.
	个案数	18	18	18	18	18
自然风险	皮尔逊相关性	−0.275	1	−0.693	0.040	.[a]
	Sig.（双尾）	0.269		0.001	0.876	.
	个案数	18	18	18	18	18
经济风险	皮尔逊相关性	0.219	−0.693	1	0.219	.[a]
	Sig.（双尾）	0.384	0.001		0.382	.
	个案数	18	18	18	18	18
政策风险	皮尔逊相关性	0.129	0.040	0.219	1	.[a]
	Sig.（双尾）	0.609	0.876	0.382		.
	个案数	18	18	18	18	18
社会风险	皮尔逊相关性	.[a]	.[a]	.[a]	.[a]	.[a]
	Sig.（双尾）	.	.	.	.	
	个案数	18	18	18	18	18

15. 创业所需资源与创业所选领域相关性

由表 2-9 可知，返乡农民工创业所需资源与所选择创业领域总体上存在显著正相关。所选择的创业领域与经济资源间在 0.1（双尾）水平上显著正相关，与政治资源在 0.3（双尾）水平上显著正相关，与文化资源在 0.6（双尾）水平上显著正相关，与社会资源在 0.1（双尾）水平上显著正相关。各资源间也存在相关性。与文化资源相关性较高的原因主要在于返乡农民工普遍文化程度较低，对方便、有利的宣传和培训可能存在较大需求；与政治资源相关性较高的原因更多在于扶持政策的有无和力度，农民工返乡创业更多是小型产业，在一些层面上需要更多的政策帮扶；与经济资源相关性较低的原因主要在于对经济支持的需求是普遍的，但对如银行贷款和借贷的需求是较少的，大部分农民工并无在已有规模上扩大经营的想法，因此影响较小；与社会资源相关性较低的原因在于农民工创业领域受其影响较小。

表 2-9 创业所需资源与创业所选领域相关性

		您所选择从事的创业领域	经济资源	政治资源	文化资源	社会资源
您所选择从事的创业领域	皮尔逊相关性	1	0.372	0.227	0.129	−0.364
	Sig.（双尾）		0.129	0.366	0.609	0.137
	个案数	18	18	18	18	18
经济资源	皮尔逊相关性	0.372	1	0.277	−0.316	−0.478
	Sig.（双尾）	0.129		0.265	0.201	0.045
	个案数	18	18	18	18	18
政治资源	皮尔逊相关性	0.227	0.277	1	−0.219	−0.033
	Sig.（双尾）	0.366	0.265		0.382	0.896
	个案数	18	18	18	18	18
文化资源	皮尔逊相关性	0.129	−0.316	−0.219	1	−0.189
	Sig.（双尾）	0.609	0.201	0.382		0.453
	个案数	18	18	18	18	18
社会资源	皮尔逊相关性	−0.364	−0.478*	−0.033	−0.189	1
	Sig.（双尾）	0.137	0.045	0.896	0.453	
	个案数	18	18	18	18	18

16. 创业所需政策与所选择创业领域相关性

由表 2-10 可知，农民工在创业中所需政策与创业所选领域存在显著正相关。所选创业领域与市场信息提供、创业平台搭建之间在 0.1（双尾）水平上显著相关，这可能是因为所调查的农民工返乡创业项目大部分已进入创业成功阶段，且并无继续扩大规模的想法，当前客源能基本满足其需要，可能只需要少量新客源和市场信息的补充。所选创业领域与放宽贷款条件、提供金融支持在 0.6（双尾）水平上显著相关，创业中最离不开的就是资金，尽管可能大部分项目已经进入自给自足阶段，但多变的从业环境以及风险仍然影响较大，因此追求更多的资金支持是大部分创业农民工都需要的。所选创业领域与降低税负水平、提供税收减免在 0.8（双尾）水平上显著相关，相关性如此高，原因在于我们所调查的大部分创业项目都属于小型产业或百万规模以上产业。对于小型产业来说，小本经营仅用于养家糊口，经济效益较低，如农家乐经营者，希望能减免税负，减少经营成本；对于大型产业而言，他们想要扩大规模，获得更高的经济效益，相对而言其所要面临的税负更重，投入的流动资金就会变少，产业整体向上发展会受到影响，因此也想要减少税负。所选创业领域与放宽用地限制、降低使用成本在 0.4（双尾）水平上显著正相关，例如，相对其他产业，茶园、加工厂、果园等对用地需求较大的项目，扩大用地规模、减少用地成本是重要的一环。所选创业领域与创业培训服务、促进技能提升在 0.2（双尾）水平上显著正相关。创业培训是大部分产业都需要的，但对其所需的频率和具体内容相比其他要素会少一些，如黑茶这种 Y 县独一家的产业只能是企业内部培训，外部能提供的资源较少，因而其整体相关性也较低。

表 2-10 创业所需政策与所选择创业领域相关性

		您所选择从事的创业领域	市场信息提供、创业平台搭建	放宽贷款条件、提供金融支持	降低税负水平、提供税收减免	放宽用地限制、降低使用成本
您所选择从事的创业领域	皮尔逊相关性	1	0.376	0.100	−0.044	0.195
	Sig.（双尾）		0.124	0.694	0.861	0.437
	个案数	18	18	18	18	18
市场信息提供、创业平台搭建	皮尔逊相关性	0.376	1	0.236	−0.472*	0.094
	Sig.（双尾）	0.124		0.346	0.048	0.709
	个案数	18	18	18	18	18
放宽贷款条件、提供金融支持	皮尔逊相关性	0.100	0.236	1	0.267	0.267
	Sig.（双尾）	0.694	0.346		0.284	0.284
	个案数	18	18	18	18	18
降低税负水平、提供税收减免	皮尔逊相关性	−0.044	−0.472*	0.267	1	−0.286
	Sig.（双尾）	0.861	.048	0.284		0.250
	个案数	18	18	18	18	18
放宽用地限制、降低使用成本	皮尔逊相关性	0.195	0.094	0.267	−0.286	1
	Sig.（双尾）	0.437	0.709	0.284	0.250	
	个案数	18	18	18	18	18
创业培训服务、促进技能提升	皮尔逊相关性	−0.299	0.000	−0.333	0.000	−0.267
	Sig.（双尾）	0.228	1.000	0.176	1.000	0.284
	个案数	18	18	18	18	18

（三）面向干部群体的问卷分析

本次调研共发放问卷23份，回收23份，有效问卷23份，问卷的有效回收率为100%（采取一对一问卷发放填写的方式）。在调研后我们进行了数据统计录入，建立了Excel软件基本数据库，并运用SPSS进行了系统的统计分析，具体统计分析结果见下文。

1. 返乡创业人员数量分布

调查对象所在村落返乡创业农民工数量在0～10人占65.22%，11～20人占30.43%，21～30人为0%，30人以上占4.35%（图2-11）。可以看出当地返乡创业农民工数量普遍较少，农民工返乡创业未成为常态。

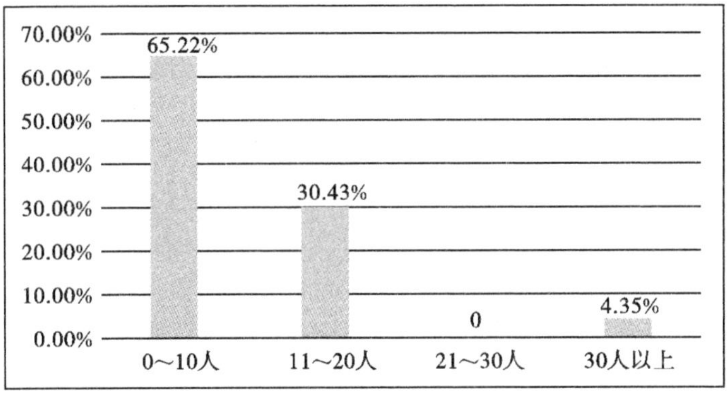

图2-11 被调查对象所在村返乡农民工数量比例图

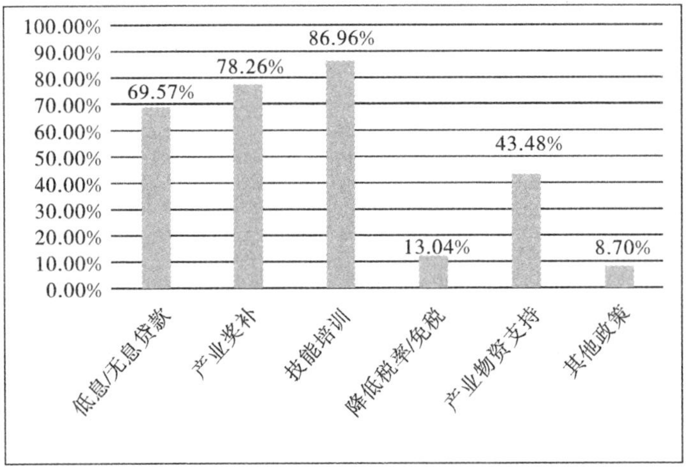

图2-12 被调查对象所在村针对返乡创业实施的政策措施

2. 政策措施情况

在调查对象所在村中，针对返乡创业的政策措施中提供低息/无息贷款的占69.57%，提供产业奖补的占78.26%，提供技能培训的占86.96%，降低税率/免税的占13.04%，提供产业物资支持的占43.48%，其他政策占8.70%（图2-12）。可以看出当地政府的政策措施主要在提供低息或无息贷款以及产业奖补和技能培训方面，提供的支持也较为多样化。

3. 创业困难原因与政策扶持认知情况

在制约农民工返乡创业的主要因素方面，56.52%的村干部认为是创业回报率低于外出务工收益，52.17%的村干部认为是市场信息不完善、缺乏有前景的创业项目，34.78%的村干部认为是基础设施不完善、地理位置不佳，26.09%的村干部认为是政策支持力度不足，另有8.70%的村干部认为是资金投入少。可见，农民工创业环境受限、创业前景不乐观、市场信息不完善是制约农民工返乡创业的主要原因。此外，当地基础设施建设也无法满足农民工返乡创业的需要。

在政策扶持认知方面，65.22%的村干部认为最需要在提供资金支持上加大力度，60.97%的村干部则提出打造特色产业能够吸引本村农民工返乡创业，52.17%的村干部认为拓宽市场信息获取渠道是当务之急，43.48%的村干部认为加强技能培训、完善基础设施建设能帮助农民工返乡创业（图2-13）。由此可见，吸引农民工返乡创业要从提供资金支持、打造特色产业、完善基础设施、加强技能培训等方面入手，引导措施要差异化，确保适应村庄特点。

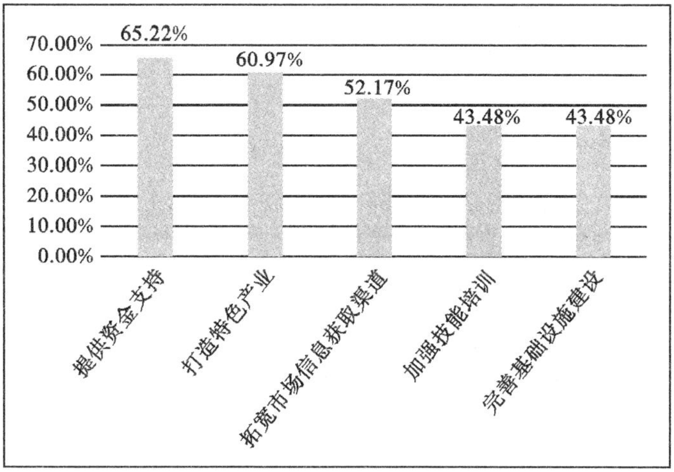

图2-13 被调查对象对返乡创业政策扶持的认知

四、影响返乡农民工创业的因素及原因分析

通过调研发现，虽然各级政府高度重视返乡农民工创业工作，一部分农民工也有较强的返乡创业意愿，但是，农民工返乡创业的效果并不尽如人意，究其原因，有客观因素也有主观因素。

1. 农民工返乡创业主动性不强

自党的十九大报告首次提出乡村振兴战略以来，解决好“三农”问题一直是全党工作的重中之重，国家从降低创业门槛、减税降费、金融服务等多个方面出台相关政策支持农民工返乡创业，但是由于农民工自身的局限性，其返乡创业主动性并不强烈。调研结果显示，各村庄返乡创业人数虽有增长，但村庄经济仍以劳务输出为主，农民更倾向于外出打工，而非返乡创业。一方面，农民工返乡创业的动力不足。本次调查中，有九成以上的返乡创业农民工的受教育程度在高中及以下水平。受文化程度的制约，许多返乡创业农民工在面对众多政策文件时，产生关注度不足、了解意愿不强、理解度不深等问题。同时，政府对于相关政策的宣传存在“大而化之”的情况，政策的宣传模式较为粗放，没有充分起到拉动农民工返乡创业的作用。另一方面，农民工返乡创业的推力不足。返乡创业对于农民工群体来说意味着其将放弃在城市中相对稳定的工作，从事风险更高的创业活动，而大多数农民工满足于在外务工的现状，逐渐扎根于城市，不愿冒险。此外，新生代农民工不同于第一代农民工，他们从学校直接步入社会，对农村农业生产接触较少，缺少对乡村的依恋情结。

2. 返乡创业项目抗风险能力较弱

在本次调研中，农民工返乡创业主要集中在制造业、建筑采掘业、住宿餐饮业、交通运输业等第三产业领域，具有规模小且较为分散的特点。绝大多数返乡创业农民工认为在创业过程中最大的风险与挑战是经济风险，包括市场供求、价格变动和资金链变动引起的经营风险，市场经济形势变化带来的风险等，因此，农民工返乡创业项目普遍存在受市场影响大的问题。另外，由于缺乏规模效应和集群效应，相关产业链和配套措施不完善，农民工返乡创业项目普遍存在主营业务收入增长缓慢、盈利不稳定、抗风险能力差的短板。农民工返乡创业项目大多受市场因素影响大，其自身抗风险能力又较弱，因此具有不稳定性和脆弱性。

3. 创业扶持资源利用不充分

随着全面推进乡村振兴这一新篇章的展开，国家在“三农”问题的解决上采取了更多有力举措。政策不仅是一种理论导向，更应该是一种实践支撑。通过对当地干部的访谈得知，为了进一步助力返乡农民工创业，政府颁布了低息贷款、产业奖补、技能培训等一系列政策，还为符合要求的特色种植业经营者免费提供茶苗、种子等物资支持。除此之外，国务院还印发了《关于支持农民工等人员返乡创业的意见》，不仅为返乡创业农民工提供水、电、道路等基础设施保障，还将进一步根据需要加强通信、网络、物流等方面的资源供应。但在产业发展过程中，许多返乡创业农民工的创业观念较为保守，对于自身创业能力缺乏自信，同时存在小富即安的心理，因此，许多返乡创业农民工一方面对政策实效不知晓、不理解，另一方面对于惠民政策不想用、不会用。这就造成许多返乡创业农民工虽然符合帮扶政策的条件，但是受对政策的认知程度和固有观念的制约，其没有充分地利用政府提供的创业资源，政策的实效性未能得到完全展现。

4. 创业风险保障措施不全面

由于绝大多数农民工返乡创业项目与农业产业相关，因此与农业产业风险相关的保障措施就显得尤为重要。然而，现阶段针对农业产业风险的保障措施尚未健全。一方面，政府兜底政策措施仍不完善。例如，在猪瘟暴发时期，针对养猪户的补贴仅发放了一次，导致许多养猪户由于担心猪肉价格持续下跌而不敢扩大规模甚至直接放弃养猪。再如，针对蔬果、茶叶等种植产业的兜底政策也并未健全，散户并未能完全享受到政府兜底的政策措施，绝大多数时候是自己承担风险损失。另一方面，由于返乡农民工在文化知识水平层面存在的不足，导致其缺乏预防风险的意识和思维。绝大多数返乡创业农民工认为自身创业规模小、收益能力不强，购买农业保险会减少收入，因而不愿意自主购买保险或者实施其他预防风险的措施。

5. 创业的客观环境营造不够

从客观上来看，农民工返乡创业缺乏良好的创业环境。其一，农民工返乡创业需要充足的资金，但进城务工积攒的资金无法满足创业的资金缺口。根据调研结果，大部分农民工选择通过亲友间借贷补足缺口，但这无法满足大规模的创业活动，只能局限在个体经营，无法扩大规模。而金融机构借贷门槛高，需要抵押，农民工不愿借贷，因而，农民工创业缺乏良好的金融环境支持。其二，基础设施也是良好创业环境的重要组成部分，与城市相比，农村基础设施建设劣势突出。结合调研情况，各村庄基础设施虽逐渐完善，但交通、电力等基础设施建设明显落后。村庄路面崎岖、宽度无法满足大规模货物运输，县城境内没有铁路导致交通不便，从而提高了企业的交通运输成本。而农村地区电力设施落后，供电系统不稳定，影响企业的正常运转。此外，远离城镇的村庄地理位置不佳，四周崇山峻岭，交通不便，同时，当地村民受小农思想影响，不愿冒险，创业氛围薄弱。而靠近城镇的村庄虽然基础设施、地理位置优于其他村庄，但受城市文化的影响，农民工更倾向于进城务工，加上此类村庄招商引资企业数量多，为当地村民提供了充足的就业岗位，故当地创业氛围薄弱。其三，在创业政策环境方面，也存在扶持政策不到位的问题。一方面，在政策落实过程中，地方政府没有因地制宜，导致政策的针对性不足；另一方面，扶持政策门槛高，导致政策的实用性不强。根据调研结果，部分农民工反映一些扶持政策针对已出成效的企业，无法满足刚创业或创业规模较小的农民工的需求。

6. 返乡创业项目支持力度较小

社会组织作为社会结构中必不可少的一个部分，在社会管理中发挥着至关重要的作用，它可以作为政府工作的补充，对行业进行组织和教育活动，向社会提供服务，并成为政府与群众之间的桥梁和纽带，传达群众的意见与诉求。但在返乡创业方面，社会组织对其支持力度是相对较小的。在资金方面，很多农民工由于在外务工，固定资产少，所以在返乡创业启动资金方面，银行的贷款难以申请，因而创业项目难以落地实施。同时，农村创业项目大多与农业种植相关，品种开发与种植技术的提升显得尤为重要，而农业类高校下沉力度有限，难以将科研成果成功应用到返乡农民的创业实践中，最终导致农产品生产品质不高，难以突破残酷的市场竞争。在产业抗风险保障方面，社会对其的保障也相对不足。许多农产品种植业会受到市场以及自然灾害等诸多因素的影响，在诸如洪涝、干旱等灾害过后，创业者会蒙受巨大的损失，最终导致创业失败。只有极少数创业者会购买产业保险，政府给予的补偿也相对有限，在这方面保险公司与政府部门还需加强宣传与支持力度。

五、助力返乡农民工创业的对策建议

针对返乡农民工创业过程中存在的问题，可以从农民工、政府、社会组织层面入手，以思想引导为先，以资金、政策等多方面扶持措施为辅，想民之所想，切实帮助农民工克服返乡创业困难，吸引更多外出农民工返乡创业。

1. 深化农民工对创业的认知

农民工要深化创业认知，不能将创业作为被动选择，而应将其视为自我挑战、自我提升的路径，积极了解创业信息，不断学习，提高自身素质与创业能力。农民工是创业的重要主体，但当前农民工返乡创业数量与成功率不尽如人意。充分发挥农民工主观能动性，激发其内生动力，能够有效帮助农民工走出返乡创业的困境。调查发现，农民工返乡创业存在盲从性、被动性，缺少对创业的理性认知与长期规划。农民工在选择创业项目时应因地制宜，调研市场情况，充分利用当地资源条件与自身优势，选择合适的行业，拒绝照搬照抄。例如，Y县茶资源、旅游资源丰富，农民工返乡创业可以围绕茶产业、旅游产业进行项目选择。同时，政府应关注农民工返乡创业的思想动态，制订宣传计划，制作宣传手册，展示当地创业环境。村干部定期与本村农民工进行沟通，了解农民工家庭情况与生活现状，向农民工介绍当前村庄与本地区创业现状与环境，激发农民工返乡创业热情。此外，创业管理部门应定期统计本地创业情况与市场现状，指导农民工进行创业项目的选择，解决农民工因创业同质化、行业饱和而经营困难的问题。

2. 增强防范风险的意识

针对农民工返乡创业项目抗风险能力低的问题，应当增强农民工的风险防范意识，提升其抗风险能力。首先，获取市场信息是农民工返乡创业的重要步骤。农民工返乡创业时应充分做好市场调研，自主整合市场信息，了解该创业项目的市场盈利状况和未来发展趋势，实地考察区位条件、相关产业链以及配套措施等，提前预估该创业项目的抗风险能力，减少盲目创业带来的风险与损失。其次，农民工应主动学习相关风险防范知识，自主进行风险控制，采取风险回避的方式规避特定风险损失，使用制定计划和采取措施降低损失的可能性或者减少实际损失的方式进行损失控制，通过签订合同让渡风险的方式进行风险转移。

3. 提升资源利用能力

针对相关扶持资源利用程度低的问题，农民工应该根据外出务工经历，整合自身资源，分析自身优势与缺陷，扬长处，补短板。农民工要与村干部之间保持联系，主动了解返乡创业政策，向相关部门与村干部反馈创业问题，寻求帮助。此外，也应积极参加政府有关部门组织的管理、网络、技术等相关培训，保存培训教师联系方式，主动交流创业问题。学习其他创业者成功经验，结合自身情况，取其精华，去其糟粕。通过网络教育、成人教育等平台进行再教育，提高个人素质，开阔眼界。最终通过交流、学习，拓宽视野，突破个人思维局限。在调查过程中，被调查者反映政府开展的培训、政策始终无法得到充分利用。政府相关部门需了解农民工当前需要，跟踪农民工创业过程，抓住农民工创业痛点，才能真正解决问题。农民工受自身小农思想的影响，即使有低息、免息的政策，也不敢贷。政府与银行工作人员要深入基层，不断向返乡创业农民工宣传相关政策，鼓励贷款。而在培训内容上，政府应针对农民工创业现状、困难、未来发展方向进行详细调查，针对农民工需求开展培训。在培训方式上，不能是线下授课，讲课后再无联系。相关负责人员可定期回访，了解农民工学习与应用情况。在培训方式上要多样化，开展创业指导、贷款咨询、技术培训、企业管理、电商培训等多种类型的培训，提高农民工知识水平与自身素质，帮助其成为合格的创业者。

4. 完善风险保障措施

针对农业产业风险保障措施不全面的问题，政府应当完善风险保障措施。首先，政府应该出台更加完善的兜底政策，使返乡农民工在创业遭遇风险冲击后能够迅速再生，增强其稳定性。其次，政府还可以加大资金投入力度，通过招商引资等方式帮助农民工吸纳更多可流动资金，并提供相关政策帮助农民工完善产业链及相关配套措施，提升抗风险能力。同时，针对大部分农民工防风险意识薄弱，缺乏对商业保险的理性科学认知，不愿购买保险等问题，政府应当加强宣传，提高农民工风险防范意识，吸引更多农民工购买相关保险。最后，针对返乡创业农民工关于购买保险会减少自身收益的顾虑，政府应当加大补助投入力度，与企业一同推出针对农民工返乡创业的保险产品，打消创业农民工购买商业保险的顾虑，全面增强返乡创业农民工的风险防范意识，完善风险保障措施。

5. 营造良好创业环境

针对农民工创业环境欠佳的问题，政府可以从金融、基础设施建设、创业观念等多角度入手，成为农民工返乡创业的引导者与服务者，为农民工营造良好的创业环境。调查结果显示，72.22%的人认为返乡创业最大的挑战是经济问题。一方面，政府可以对处于创业初期的企业给予一定的创业补助，解决大部分返乡创业农民工启动资金不足的问题，让有前景的产业能够得到孵化；另一方面，政府应该延续无抵押、低息或无息贷款政策，降低返乡创业农民工的借贷成本，让相关产业能实现长足发展。除了金融方面的支持，各地政府还应该进一步完善基础设施建设，为返乡企业的发展提供物质支持。城乡基础建设方面的差异、自身创业观念的保守性，导致许多有意愿返乡创业的农民工心存顾虑。虽然各地农村的道路、水、电等设施已经初步建成，但是在物流、通信等方面仍有较大的提升空间，迫切需要通过政府的投资与建设补齐短板。同时，要让这些惠民政策能够落地见效，更需要各级地方政府将政策宣传到位，将工作落实到位，采取有深度、有广度、有针对性的多元化宣传模式。

6. 齐抓共管压实工作责任

农民工返乡创业是推动经济发展的重要抓手，对促进经济发展，全面推进乡村振兴战略具有重要意义，因此各级政府要加强领导、强化服务，各有关部门要齐抓共管、形成合力，紧紧抓住人才这个关键点，统筹安排好农民工返乡创业工作。一要统筹协调、密切协作，构建县、乡镇、村（社区）三级工作体系，层层落实责任，细化工作任务，形成党政主抓、部门负责、社会参与的“三级联动”工作机制，同时探索形成农科、商务、工会、共青团、妇联、残联等职能部门合力推进配合的助力模式。二要加强领导、强化责任，成立人才回归全民创业领导小组，明确每个村由一名副科级领导和一名站（所、办）负责人分包，每个村有一名回归创业联络员。把各单位纳入工作体系，落实目标责任，形成职能部门和群团组织共同参与、各司其职、齐抓共管的促进人才回归全民创业协调服务机制。严格落实定人、定点、定向包保职责，深入乡镇、村（社区）、企业一线为返乡人员提供全方位支持。同时，将包保落实情况纳入部门全年绩效考评，形成齐抓共管统促返乡创业的工作格局。

参考资料

［1］郑琦，陶周颖. 提升基层党组织组织力的内在逻辑及实践路径［J］. 马克思主义研究，2020（1）：107-114.

[2] 黄建国. 把党的组织优势转化为帮扶返乡农民工的强大力量 [J]. 求是，2009 (11)：37-38.

[3] 李德，闫昕潮. 以农村党组织为核心实施乡村振兴战略 [J]. 毛泽东邓小平理论研究，2018 (6)：28-33.

[4] 聂继红，吴春梅. 乡村振兴战略背景下的农村基层党组织带头人队伍建设 [J]. 江淮论坛，2018 (5)：39-43.

[5] 周知民. “以提升组织力为重点”锻造坚强战斗堡垒：习近平新时代基层党组织建设重要论述研读 [J]. 长白学刊，2019 (6)：1-6.

[6] 刘志阳，李斌. 乡村振兴视野下的农民工返乡创业模式研究 [J]. 福建论坛（人文社会科学版），2017 (12)：17-23.

[7] 石丹淅，王轶. 乡村振兴视域下农民工返乡创业质量影响因素及其政策促进 [J]. 求是学刊，2021 (1)：90-101.

[8] 王彦青. 农民工返乡创业的实践困境及其政策与理论反思 [J]. 云南行政学院学报，2020，22 (4)：81-85.

[9] 刘玉侠，任丹丹. 返乡创业农民工政策获得的影响因素分析：基于浙江的实证 [J]. 浙江社会科学，2019 (11)：58-64+157.

团队队长：尚天钰

团队成员：叶碧琳、刘桐汐、庞仁洪、张篮天、周静怡

指导教师：李海金

附件一

关于全面推进乡村振兴背景下返乡农民工创业现状的调查问卷

尊敬的女士/先生：

您好！我们是中国地质大学（武汉）的学生，为了解农民工返乡创业现状情况，本研究需问卷调查。您的反馈和建议对本课题研究的顺利完成非常有帮助！我们向您保证此次调查问卷不会用于任何商业用途，只用于报告撰写，采用不记名的形式，并且对您的个人信息保密。非常感谢您能够填写本次问卷，提供您宝贵的看法与意见！

填写说明：

1. 请在每个问题后选择合适自己情况的选项打“√”或者在空白横线上填写恰当的内容。

2. 若无特殊说明，每个问题只能选择一个选项。

3. 请按您的实际情况填写，谢谢您的配合。

一、基本信息

1. 您的性别：

○男 ○女

2. 您的年龄：

○30岁以下 ○31～40岁 ○41～50岁 ○51～60岁

3. 您的文化程度：

○小学及以下 ○初中 ○高中\高职\中专

○大专及以上

4. 您的婚姻状况：

○未婚 ○已婚（包含离异与丧偶）

5. 家人对您的创业支持情况：

○支持 ○不支持

二、外出务工情况

1. 您外出务工时间：

○1年及以下 ○1～3年 ○3～5年 ○5～10年 ○10年及以上

2. 您外出务工的积蓄：

○1万以下 ○1万～3万 ○3万～5万 ○5万～10万 ○10万及以上

3. 返乡前，您所在的行业：

○制造业 ○建筑采掘业 ○住宿餐饮业 ○交通运输业

○零售批发业 ○其他服务业

4. 您外出务工期间是否有创业经历？

○有 ○无

三、返乡创业情况

1. 您所选择从事的创业领域：

○制造业 ○商业 ○餐饮服务业 ○农村旅游业

○特色种植养殖业 ○物流仓储 ○电商 ○其他

2. 您创业所需资金主要来源于（可多选）：

○自有积蓄 ○亲朋好友借助资金 ○银行贷款 ○民间借贷

○股份集资 ○政府专项资金

3. 您返乡创业的原因（可多选，最多两项）：

○外出务工收入低

○在外生活成本高、生活艰辛

○家乡创业机会多、有适合项目

○返乡创业收入可观

○政策支持、政策优惠

○振兴家乡经济

○发挥个人优势、实现自身价值

○家庭原因（父母养老、子女教育问题）

○其他

4. 您目前的创业情况：

○已成功（有稳定盈利，规模不断发展） ○创业途中

○创业困难期

5. 创业过程中您认为最大的挑战和风险（可多选）：

○自然风险（由于天气、病虫害等引起的种养殖风险，地理位置和地形等引起的风险）

○经济风险（由于市场供求、价格变动和资金链变动引起的经营风险）

○政策风险（由于税收加重、信贷紧缩、土地审批严格、环保要求引起的风险）

○社会风险（由于合伙人撤资、倒戈，管理部门吃拿卡要引起的风险）

○其他

6. 返乡创业，您最需要的条件和资源（可多选）：

○经济资源（资金、实物资产、厂房、设备、运输工具等）

○政治资源（政府的政策支持）

○文化资源（良好的教育、专业的技术、互联网等通信工具的发展等）

○社会资源（广泛的人脉、良好的声誉、亲戚朋友的大力支持等）

7. 您认为最需要政府提供的帮扶政策（可多选）：

○市场信息提供，创业平台搭建 ○放宽贷款条件，提供金融支持

○放宽用地限制，降低使用成本 ○降低税负水平，提供税收减免

○创业培训服务，促进技能提升 ○其他

8. 您是否满意乡镇政府对返乡创业的支持力度：

○很满意 ○满意 ○一般 ○不满意

附件二

关于全面推进乡村振兴背景下返乡农民工创业进展的调查问卷

尊敬的女士/先生：

您好！我们是中国地质大学（武汉）的学生，为了解农民工返乡创业现状情况，本研究需问卷调查。您的反馈和建议对本课题研究的顺利完成非常有帮助！我们向您保证此次调查问卷不会用于任何商业用途，只用于报告撰写。非常感谢您能够填写本次问卷提供您宝贵的看法与意见！

填写说明：

请在每个问题后选择合适自己情况的选项打“√”或者在空白横线上填写恰当的内容。

1. 您的姓名：

2. 您的年龄：

3. 您的性别：

4. 您所在的村（名称）：

5. 您的职务：

6. 您所在村的返乡创业人员数量：

○0～10人 ○11～20人 ○21～30人 ○30人以上

7. 您所在村的返乡创业人员主要从事哪些产业________

8. 您所在村对于农民工返乡创业所出台的具体政策措施（多选）：

○低息/无息贷款（抵押/不抵押） ○产业奖补 ○技能培训

○降低税率/免税 ○产业物资支持（例如茶苗、种子等）

○其他政策________

9. 您认为吸引农民工返乡创业存在哪些困难（最多选4项）：

○基础设施不完善（交通、水、电） ○地理位置不佳

○市场信息不完善 ○缺乏有前景的创业项目

○政策支持力度不足 ○资金投入少

○创业回报率低于外出务工收益 ○其他________

10. 在农民工返乡创业方面，您认为最需要在哪些方面加大支持力度（最多选3项）：

○提供资金支持 ○加强技能培训 ○完善基础设施建设

○拓宽市场信息获取渠道 ○打造特色产业 ○其他________

附件三

关于全面推进乡村振兴背景下返乡农民工创业进展的访谈记录（摘录）

访谈记录 1
一、基本信息 访谈时间：2021 年 7 月 3 日　访谈方式：面对面　记录人：叶碧琳 访谈地点：湖北 Y 装饰工程有限公司 访谈对象：公司老板（男，42 岁，初中毕业） 访谈主题：返乡创业
二、访谈内容 1. 您在创业之前是从事什么工作呢？大概有多久？ 答：我之前外出务工，在上海做过水泥工，后面在上海一家台资企业做保安，大概 2004 年就出去了。 2. 那您当初想回乡创业的原因是什么呢？ 答：是这样的，在上海的那家公司因为干活干得比较好，就当了助理，后面一步步当上了采购员，然后分配去做销售，因为干得好也慢慢地负责几个地区的销售。后面公司想把我调去河南分公司负责销售，但是我想去武汉的分公司，公司不同意，我就想回去。因为当时才 29 岁，觉得自己的人生目标也不是光给别人打工，加上自己也有了一定的积蓄，还有这么多年的一个经验，就想回去。 3. 您是哪一年创办了装饰公司呢？选择创办装饰公司的原因是什么呢？ 答：我是 2009 年回到 Y 县的，刚开始也不是马上做装饰，也进行了多行业的一个尝试，试过搞菜籽、茶苗，但是都失败了，2010 年的时候搞了碰碰车，一个月能赚四五万，暑假能赚十多万。虽然赚钱但是这个是季节性的，不是一个产业。后来我就凭借以前的经验，开了建材店，通过人脉关系找来了客户和生意。在 2015 年的时候成立了装饰公司，开始有了自己的团队，后面发展到现在，我们开始承包政府大楼装饰等大的项目。 4. 最早的创业资金来自哪里呢？ 答：我自己的积蓄，还有借贷。 5. 您创业过程中遇到过哪些困难呢？相关部门提供了哪些帮助呢？ 答：最大的困难是资金问题，都是垫钱在运转的。政府帮助的话主要是打造美丽乡村建设，会优先选择我们这些好的公司。在疫情期间的话，有免税的政策，贷款免息。 6. 您觉得目前的产业政策实施存在哪些问题？ 答：政策的话，扶盛不扶衰吧，只有企业做出了一定的成绩之后，政策才会给你扶持，有时候就会出现融资困难之类的问题。

访谈记录2

一、基本信息

访谈时间：2021年7月5日　访谈方式：面对面　记录人：张篮天

访谈地点：X农场

访谈对象：农场老板（男，39岁，技校毕业）

二、访谈内容

1. 您是哪一年创办的果园？主要种植哪些果类？

答：我是2016年创办的果园，主要种植猕猴桃、黄桃、蓝莓、西瓜。除此之外，我还养了一些蜜蜂和土鸡，土鸡主要是用来除虫，蜜蜂是用于花粉传播，但是蜂蜜和土鸡也会进行售卖。

2. 您在创办果园之前是从事什么工作呢？大概有多久？

答：在创办这个果园之前，我在上海打工十多年，从事的是数控行业，也属于机械制造的一种。

3. 那您当初想回乡创办果园的原因是什么呢？最早的创业资金来自哪里呢？

答：当初是觉得现在我们的瓜果蔬菜味道大不如前，有机的少，而且农药、化肥用得很多，对人们的健康损害也很大，所以我想回到家乡，种植有机果蔬。最早的资金一部分是我打工攒下来的钱，另一部分是政府的帮扶资金。当初果园的规模比较小，慢慢经营好了，就不断扩大规模，现在已经有120亩。

4. 您创业过程中遇到过哪些困难呢？相关部门提供了哪些帮助呢？

答：果蔬受自然灾害的影响较大，一些年份的损失就很大，但是国家的补贴毕竟不是商业保险，对于这种天灾人祸没有办法做到完全的兜底。但是政府提供了一些基础设施建设，通过电视台、报纸等媒体对我的果园进行宣传。

5. 您目前的生产与销售模式是什么样的呢？

答：现在就是自己进行种植，相关的技术问题会与华中农业大学进行沟通和学习，每年都会接受相应的培训。销售主要是采取零售的方式，当地人或者武汉的人来这边自己采摘，也有相关的旅游线路，由导游带领游客来果园参观、采摘、购买。另外，我也会利用微信、抖音等一系列平台进行宣传，果农之间也会对市场信息进行一定的交流。

6. 您觉得目前的产业政策实施中存在哪些问题？

答：目前有关具体产业的政策都比较宏观，没有很具体化，所以落实见效慢。另外，政府也提供了一些销售平台，但是准入门槛太高，我还没有入驻。总体来说，感觉获得的支持和红利有限。

第三篇　乡村振兴视角下“三治”融合治理的调查研究

——以湖北省H县为例

乡村是我国政治生活的重要场所和最基本的治理单元。21世纪以来，我国社会环境发生重大变化，乡村社会内部也呈现出新旧问题相互交织的复杂局面。在党的十九大上，党中央在深刻认识“三农”发展新阶段、新规律、新任务的基础上，提出了乡村振兴的伟大战略。以德治、法治和自治为主体的乡村基层治理是实现国家治理的基石，也是我国乡村振兴战略得以持续深入推进的前提。积极推动乡村治理手段创新，加快创建现代化乡村治理模式，是实现我国国家治理体系和治理能力现代化目标的必然要求，也是实现我国第二个百年奋斗目标和中华民族伟大复兴中国梦的重要保障。

一、选题的背景、目的和意义

（一）选题的背景

德治、法治、自治“三治”有机融合是提高乡村治理质量的关键环节，也是加强基层治理体系建设，发挥新时代乡村治理体系协同效应的重要抓手。为推动实现乡村基层治理的现代化，打破以往单一、孤立的乡村治理模式，2017年10月，党的十九大报告提出：“加强农村基层基础工作，健全自治、法治、德治相结合的乡村治理体系。”这为乡村治理体系的改革与完善指明了方向。2018年1月颁布的中央一号文件《关于实施乡村振兴战略的意见》进一步对“构建乡村治理新体系”作了总体部署，提出把提高村民自治水平、建设法治乡村、提高乡村德治水平作为深化推进“三治”融合的政策举措。2018年中共中央、国务院印发的《乡村振兴战略规划（2018—2022）》，对加强三种治理手段间的有机协调做出了指标规划，为“三治”融合设计出了具体的操作指南。2019年6月，中共中央和国务院印发的《关于加强和改进乡村治理的指导意见》明确指出，到

2035 年，要实现党组织领导的自治、法治、德治相结合的乡村治理体系更加完善，乡村社会治理有效、充满活力、和谐有序，乡村治理体系和治理能力基本实现现代化。2021 年 4 月，中共中央、国务院印发的《关于加强基层治理体系和治理能力现代化建设的意见》再次强调，要力争用 5 年左右的时间，建立中国共产党统一领导、政府依法履责、各类社会组织积极协同、人民群众广泛参与，自治、法治、德治相结合的基层治理体系。在“三治”融合乡村治理方案的政策框架日趋成熟的同时，全国各省市的乡村也纷纷以著名的“枫桥经验”“桐乡经验”为参照，围绕基层社会治理和“三治”融合，因地制宜地开展试点，在实践中借鉴、积累和创造易操作、可推广的做法和经验。

中国特色社会主义进入新时代，尽管我国乡村社会的复杂属性没有发生根本变化，但乡村社会的内外部环境却呈现出较大变化。随着我国发展进入重要战略机遇期，各种机遇与挑战并存，社会内部存在着高度的不确定性和风险性。在新发展环境下，乡村社会各种矛盾凸显，乡村事务也更加复杂化，自治、德治、法治融合的乡村治理机制在基层地区的落实面临着极大的压力与挑战。综合国内学者研究成果发现，目前我国乡村振兴中的乡村治理模式在落实过程中，仍然存在乡村治理各主体间协同合作程度低、治理主体流动性强、乡村人力资本结构严重失衡、乡村治理制度存在内部冲突和落实困难、传统落后的村规民约同现存法律法规相背离、“三治”融合工作中各种利益难于整合统一、部分治理主体和村民自治的权利和利益被悬空等问题。长期以来，乡村地区的治理手段和模式都较为传统，合理运用新时代治理手段的地方性条件、主体能力和意识较为欠缺，导致在复杂的乡村社会中，“三治”逐渐丧失其有效性。现有乡村治理方法实施的低效率和治理要素组合的无效化，对我国乡村治理道路开展有针对性的理论探索和开展相应的实践探索、推动“三治”融合乡村治理制度的完善和落地提出了迫切要求。如何在乡村社会中更好地发挥自治、法治、德治的作用，突破过去我国乡村地区治理体系单一化的研究路径，用整体的视角探讨“三治”融合的内部关联，探索出一套能实现三者功能发挥有效协同的具体实施机制，以及如何将理论层面的建构转化为具有可操作性的各治理组织与其他重要治理主体的行动指南，以解决和回应“三治”融合乡村治理道路的社会基础及其可行性等问题，是当前急需解决的关键问题。

在乡村振兴战略的指引下，湖北省积极推进乡村振兴战略实施，2021年湖北省委一号文件《中共湖北省委、湖北省人民政府关于全面推进乡村振兴和农业产业强省建设 加快农业农村现代化的实施意见》公开发布，文件就实施乡村建设行动、全面加强党对"三农"工作的领导提出具体要求，为强化农业农村优先发展投入保障出台一系列措施。2021年4月12日湖北省政府发布《湖北省第十四个五年规划和二〇三五年远景目标纲要》，对乡村治理进行专门规划，提出："健全党委领导、政府负责、社会协同、公众参与、法治保障的现代乡村社会治理体制。深入实施村党组织'红色头雁'计划，加强农村基层组织和干部队伍建设，建强村党支部战斗堡垒。深入实施村级事务阳光工程，加强法治乡村建设，充分发挥乡村熟人社会蕴含的道德力量，推进村民自治、基层法治、乡村德治有机结合，提高乡村治理水平。"

H县位于湖北省东北部，鄂豫两省交界处，红色传统浓厚，是两位国家主席董必武、李先念的故乡，走出两百多名将军，但由于地处大别山区，曾经是集革命老区、资源匮乏区、贫困地区、优抚集中区"四区一体"的国家级贫困县。在精准扶贫的政策支持下，H县于2018年脱贫摘帽。H县作为革命老区，在中国革命的历史上书写过浓墨重彩的一页，对民族解放和国家独立贡献了巨大力量。实现第一个百年奋斗目标、全面建成小康社会，不能忘记这样的革命老区，正如习近平总书记所指出的那样：我们要实现第一个百年奋斗目标，全面建成小康社会，没有老区的全面小康，特别是没有老区贫困人口脱贫致富，那是不完整的。以H县为调研对象，总结其在实现乡村振兴的战略中的经验和问题，有助于为其他地区的乡村振兴提供宝贵经验。

在此次调研过程中，我们不仅需要了解乡村中"三治"实施的具体情况和乡村振兴背景下"三治"融合的乡村治理道路现状，也需要亲身观察村庄的整体情况以及自然环境和社会环境，以此作为参照。为了深入了解乡村振兴背景下"三治"融合乡村治理道路的实施现状，获取更真实更能反映调查主题的资料信息，我们选取了湖北省H县城周边具有代表性的五个村庄进行调研。其中，X村紧邻H县城，目前已纳入县城统一规划，X村也由行政村转变为居民区，X村村委会也转变为居委会。X村目前正处于转型时期，乡村治理更容易暴露出一些问题，也能提供一些乡村治理的有益经验。H村距离H县城的距离适中，其治理模式既受到县城一定的影响，又有一定的本村特点。M村是精准脱贫重点村，在脱贫攻坚过程中，形成了良好的乡村治理成果，积累了许多有益经验。D村与E村远离县城，经济发展比较落后，农村老龄化程度比较严重，常住人口较少，属于典型的山地村庄，具有代表性。

（二）调研的目的和意义

本调研旨在于深化对“关于乡村振兴背景下‘三治’融合乡村治理道路”的认识与研究。通过广泛查阅现有文献与展开实地调研，开展入户访谈和问卷调查等多种资料收集活动，综合运用定性研究与定量研究两种手段，调查乡村振兴过程中“三治”融合乡村治理模式在我国基层地区的实践现状，在此基础上分析其成功经验和存在问题，并尝试思考和探索解决问题的路径和策略，为在乡村振兴中推进法治、德治、自治“三治”结合的有效治理提供决策参考。

本选题有助于从实践角度深化对法治、德治、自治相结合有效乡村治理的探索和研究。调研通过对湖北省H县下辖5个村庄的走访，深入考察了“三治”融合乡村治理的各项流程与各个环节在乡村具体的运行状况，在分析和总结“三治”融合治理存在问题的基础上，探讨了阻碍“三治”融合功能有效发挥的重要因素具体出自哪一主体、哪些环节，并结合当前农村地区面临的新形势和新要求，兼顾各地“三治”融合治理情况的共性与个性，总结各地经验，尝试提出完善我国“三治”融合乡村治理的可操作性建议，有助于为解决乡村振兴背景下的“三治”融合现实问题提供参考。

二、关于乡村“三治”融合的研究综述

2019年中办、国办印发的《关于加强和改进乡村治理的指导意见》和党的十九大报告都阐述了“法治”“德治”“自治”之间的关系，即自治为基、法治为本、德治为先。随着“枫桥经验”“桐乡经验”的实践推广，学者们围绕法治、德治、自治及“三治”结合的乡村治理研究也蓬勃兴起，其研究成果综述如下。

（一）关于乡村“德治”治理的研究综述

我们对乡村“德治”的相关文献进行了检索。从2003年至今，共检索到文献200余篇，其中2003～2019年发表的文献呈现急速递增的状态，2019年发表文章76篇。从2019年后逐步呈现递减状态，2020年发表文献

63篇，2021年发表文献27篇。其研究视角和主要观点如下。

1. 关于乡村治理体系中的“德治”内涵的研究

德治思想源远流长，其思想源头至少可追溯到商周时期的“敬德保民”“明德慎罚”等。现代社会治理语境下的“德治”，郁建兴（2001）认为是“以道德规范来约束人们的行为从而达到社会秩序的国家治理观念和方式”。龙静云（2015）认为，道德是除法律和制度以外调节社会秩序的重要手段，在法律和制度“调节和触及不到的领域”，“道德调节和道德治理的力量是巨大的”。于语和、雷园园（2020）认为，德治“是以广大农民群众为主体，以乡村传统文化为根基，批判吸收传统德治文化合理内涵，广泛吸收现代社会先进因素，通过提高村民思想道德素质和乡村文明程度，来最终实现乡村治理现代化和善治的一种治理方式”。刘婷婷、俞世伟（2020）认为，德治是现代乡村治理体系中不可或缺的一部分。

2. 关于乡村德治经验的研究

大多数学者都赞同近年来乡村德治取得了较大发展。赵欢春、邵光学（2020）认为，党组织的振兴与发展为乡村德治实施提供了领导基础。胡玲（2019）认为，乡贤群体及其乡贤文化建设，在乡村德治中发挥了极为关键的作用，许多地方探索成立了各种乡贤组织，如乡贤理事会、民意工作室、乡贤基金等，对优秀乡贤事迹进行大力宣传和报道，形成了一种德治的文化氛围。刘海玲（2017）认为，村规民约在内容上也体现了村民自治更加完善、妇女权益保护日益增强、环境资源利用与保护意识增强等。

3. 关于乡村德治所面临的困境研究

乡村德治的实施仍然面临着一定的困境。学者们认为乡村德治的困境是多方面的。王甄玺（2019）认为，德治作为一种思想上的“软约束”手段，它的效果在短期内可能难以显现，发挥的作用也存在一定的局限。在社会转型的过程中，优秀传统道德文化的弱化，乡村人才的流失，乡村文化生态的功利化，村规民约的约束力不够，都在一定程度上弱化了德治功能的发挥。马莉（2019）认为，乡村社会在经济、政治、文化建设等方面相对落后，市场经济下又难以抵挡西方文化价值观的强烈渗透，陈规陋习依然存在、传统美德渐趋流失、价值取向偏于功利、宗教传播规范不足等问题，制约了德治效能。李元勋、邱蕊（2019）认为，乡村传统文化体系消融解体，意识形态呈现分散化等诸多问题，对德治效能制约作用不容小觑。

4. 关于完善乡村德治的路径与策略研究

王甄玺（2019）认为，乡村德治的推进，应从社会主义核心价值观引领、挖掘利用优秀传统文化、重视村民主体地位、重视乡规民约建设等方面下功夫。马莉（2019）认为，破解乡村道德治理面临的困境，要梳理中国传统农耕文明、马克思主义理论及西方文化中关于农村发展建设的思想以及农民道德教育的理论资源，在吸收借鉴的基础上，结合时代要求，开展理想信念教育、思想道德教育和时代新风教育。李元勋、邱蕊（2019）认为，要构建与时代相适应的文化体系，必须牢牢掌控意识形态的领导权，积极培育和践行社会主义核心价值观，提升乡村德治水平。胡玲（2019）、许思琪（2019）等认为乡村德治要加强乡贤文化建设，保证乡贤群体在乡村德治主体和保障德治手段与德治机制方面的优势。

（二）关于乡村“法治”治理的研究综述

乡村法治是近十年间出现的热点话题，最早的中文文献发表于1998年，之后每年新发论文在15篇左右，2017年以后呈爆发式增长，2021年仅1～8月就新发表论文201篇。其主要观点和研究视角如下：

1. 乡村治理法治化内涵的研究

王增杰（2015）、陈晨（2017）等认为，乡村治理法治化是在坚持党的领导、人民当家作主、依法治国有机统一的前提下，在县级以下行政区域推进依法执政、严格执法、公正司法、全民守法，将经济、政治、文化、社会等各项工作纳入中国特色社会主义法治体系，促进国家治理体系和治理能力的现代化。赵媛媛（2015）认为，乡村法治是在坚持党的领导、人民当家作主与依法治国有机统一的前提下，进行治理立法彰显法律权威，以规范权力运作，同时完善治理机制，鼓励民众有序参与，达到权力与权利的有序互动，从而实现人民群众权益之保障。于梦琪（2016）认为，乡村治理法治化就是使乡村治理达到良治、善治的目的，并指出这是促进乡村社会和谐稳定的重要因素。

2. 乡村法治所面临困境的研究

王东（2020）认为，法治乡村建设面临着权力膨胀滥用、权利保障无力、法律需求不足、法律供给短缺的非平衡非充分的法治困局。王晓星（2020）认为，乡村振兴战略实施过程中，“三农”领域出现的新问题和新情况，亟待加强立法。攀升龙（2020）认为，乡土传统与现行法律规范的不适应性也是乡村法治面临的重大困境。相关法律规范构建时缺乏对乡村社会的复杂性关注，以及实际运行中的一些外部因素，降低了乡民对法治的依赖与敬重，增加了法治乡村发展的阻力。谢妮霞（2015）认为，国家法律与乡村习俗的价值冲突与效力拒斥问题，乡村利益协调机制存在行政化以及司法功能弱化的问题，乡村社会的法治理念欠缺等，阻碍了乡村法治的效能。

3. 完善乡村法治的路径和策略研究

齐飞（2015）、陈寒非（2018）认为，要通过对村规民约进行规范，整合国家法律与民间规约进行综合治理。王敏认为，要注重顶层设计，加强基层政府行政权与村民自治权的有效衔接，完善乡村法律法规体系和制度体系，构建法治德治相融合的多元化治理路径。宋才发（2019）等认为，要不断完善乡村治理的法律法规体系，发挥法治在乡村治理中的保障作用，推动法治、德治并驾齐驱，构建乡村社会共建共治新格局。吴家庆、苏海新（2015）、周铁涛（2016）认为，要理顺村级领导体制，强化村级干部管理，规范村民行为，在乡、村两级形成上下互动的规范化治理的新格局。虞云耀（2015）认为，要强化农村基层党组织的政治功能，通过创新党组织的设置方式、完善党的建设制度改革、加强党员干部依法办事的能力等推进乡村治理法治化。刘志永（2015）认为，要从立法上为公众参与乡村治理提供依据，创造有利于非政府组织发展的法律政策环境，同时要推进法治化政策创制。梁平（2016）认为，应在完善的法治治理体系的基础上，治理主体依法行政、公正司法，塑造法律权威，培育基层社会的法治文化，夯实基层治理法治化的土壤。陆宏（2017）认为，应更新农村法治理念，提升村民法律素养，重视发挥村规民约的作用。刘绍妮（2015）认为，应发挥基层党组织的宣传引领作用，统筹各方力量，共建乡村治理格局，培育基层干部的法治思维，提升依法办事能力，鼓励民众参与，强化对治权的监督和制约。

（三）关于乡村“村民自治”的研究综述

关于村民自治的论文最早发表于 1987 年，之后呈上升趋势，于 2006 年达到顶峰。2006 年后，论文发表数量呈下降趋势。其研究视角和主要观点如下。

1. 村民自治内涵和意义的研究

关于村民自治的内涵，学者们有不同的看法。徐勇（1997）认为，村民自治是“平静的民主化革命”。辛秋水（2008）认为，村民自治是在政治改革上的又一次“农村包围城市”。章荣君（2016）认为，村民自治是要实现村民的自我管理、自我服务、自我教育。其中，村民自治的内容主要是民主选举、民主决策、民主监督、民主管理。王仲田、詹成付（1999）认为，村民自治是依靠农民群众，在实现自我管理、自我教育、自我服务的过程中所实施的新型的社会组织管理制度。许安标（1998）认为，村民自治是指农民群众依照法律法规管理社会基层生活方面的事务。

2. 村民自治成效的研究

大多数学者认为，自从我国实施村民自治制度以来，其治理取得了很大的成效，尤其是村民的自治权得到充分发挥。李梅、姜岩（2019）认为。我国村民自治的意识不断增强，自治的能力和水平不断提升。周宝富（2011）认为，村民自治的成效主要体现为村民自治组织逐步完善、村民自治实践全面推进、强化了村级治理，广大村民的民主意识和民主能力增强。向林峰（2020）认为，村民自治使乡村选举制度日益规范，村民对选举满意度高，民主管理与决策的实现形式基本成型，村民民主管理与决策的意识日益加强，民主监督机制日趋完善，村民民主监督热情较高。

3. 村民自治面临的困境研究

关于村民自治在实践中存在的问题，孙桂财（2020）认为，行政权力干预自治权现象严重是主要的问题。张明进（2019）认为，村民委员会缺乏有效的监督和制约，导致村干部滥用职权，贪污腐败，此外，自治主体数量不足、自治规模不当、自治机制运行不良、自治要素条件不佳等，影响乡村治理的成效。

4. 完善村民自治的发展路径研究

曹冬冬（2012）、李梅和姜岩（2019）等认为，完善的法律制度是村民自治的强大法律保障，应加强法制建设，完善法制建设体系，为村民自治创造良好的社会环境。牛磊（2015）认为，要根据客观实际不断完善村民自治制度，提升农民自治的组织意识，实现村民自治组织的内外系统的互动，建立村民自治制度的长效机制。何平（2016）认为，要转变乡镇政府主要职能，充分认识政府职能转变是政府管理与基层民主有机结合的前提和基础。张明进（2019）认为，应理顺乡政和村治关系，科学设置自治单元，培育壮大自治主体，重构乡村共同体，实现自治法治德治的合一，实现村民自治的转型和发展，提高乡村治理的有效性。

（四）关于“三治”融合的研究综述

乡村治理的实践经验写入党的十九大报告，标志着“三治”融合研究转向以相关理论建构为主的学理研究阶段（钟海，2021）。学者们聚焦“三治”融合的实现方式、体系重构，从治理技术或制度层面，探讨了乡村治理走向善治的方式方法及“三治”协同治理的制度、模式和经验，积累了丰硕成果。

1. 关于治理主体问题的研究

农民是乡村振兴的决定性力量，但优质乡村人才精英资源持续流失，而且这种流失表现出经济性、市场性和结构性的特性，这是乡村治理面临的“核心困境”（钟海，2021）。而乡村治理主体协同合作程度低，治理主体流动性强，直接造成乡村人力资本结构的严重失衡，这种失衡反过来又进一步弱化了治理主体（周蓉，2021）。大量素质高、能力强的乡村精英流出农村，留守村民成为乡村社会实质性的治理主体。基于共同生产生活发生的大量村庄公共事务，需要集体协商和集体行动，而留守村民参与公共事务的意识不足和能力不强，村委工作和村庄生活就会陷入无序（朱政，2021）。由于乡村精英层的缺失，乡村自治实际上沦为村委会少数人的决策而被“悬空”和“虚化”，甚至被异化为“村干部自治”。这种现象也助长了“乡村混混”的兴起，“村霸”等能够获得机会横行霸道，村级治理呈现出暴力化倾向，极大地阻碍着乡村的良性治理与和谐发展。

2. 关于治理机制问题的研究

朱政（2021）认为，当前基层创新机制蕴含的高度激励，可能导致“过度创新”，加速生产脱离农民实际生活的“制度上墙”，造成一种制度建设的“内卷化”。同时“分级试点”打造先进的模式，也可能影响基层政府对不同村庄的资源投入，从而加剧不同自然禀赋的村庄之间的进一步分化，人为制造新的不公。黄辉里（2021）也认为，村规民约没有很好结合村情民意来制订，个性化条款不突出，针对性不强，约束力不够。“十星级文明户”评选机制不完善，个别村庄存在标准把关不严、宣传教育不够、群众意识不强等问题。“红黑榜”机制不健全，个别地方还存在应付了事现象，没有充分发挥激励警示作用。钟海（2021）认为，村两委之间治理参与、流动村民治理参与等因制度体系的不完善而存在着体制性冲突，反映了制度设置的原则性规定与具体可操作性规定之间的内在矛盾，基层政府、村委会和村民等治理主体在多重利益博弈和多维政治关系考量下，表现出“选择性政策执行”“共谋变通应付”“权宜性执行”等行为逻辑，最终诱致制度规制能力弱化与执行结果失效。各行政村（社区）“四会”组织成员工作时间不足、工作方法不多，手段较为单一，作用发挥不明显，工作能力需提升（黄辉，2021）。村干部的执行能力、眼界、格局有限，各种利益难于整合统一（李敏昌、敖财芹，2021）。这些问题难以保障“三治”融合治理的成效。

3. 关于推进“三治”融合措施的研究

一要强化治理主体地位。要激发村民主体意识，调动“最大多数”的内生力量（王乐全，2021）。要落实村民个体在“三治”融合治理中的参与者身份，发挥其主体性，增强其对乡村共同体的认同感和归属感；要强化基层党组织的领导者角色，实现基层党组织、基层政府、村委会、农村自组织、村民个体之间主体协作、协同和协商，切实履行各主体的“客观责任与主观责任”（钟海，2021）。二要补齐制度的缺口。切实把握好村务公开与乡村治理的关系，用实、用透、用活“村务公开”这扇窗，做到大小村务公开、公正、透明，加强村民的知情权，发挥村民的主人翁作用。要深入挖掘地方性知识的时代价值，探索地方性知识与“三治”结合的各种机制（王乐全，2021）。要健全科学的激励体系，完善配套的评价、考核机制，基于公平、公正、公开的原则，对村民、基层干部等进行奖励、惩处（刘一凡，2020）。三要注重环境氛围的打造。要结合先进信息技术、数字技术，做好乡村安防，做好信息互通；要加强一村一警建设，守护好人们的财产与安全；要树立道德模范，引导群众向善、向上、向美；要保护和传承传统村落空间文化，弘扬乡贤文化（王乐全，2021）；要加强基层党员干部的教育和培训，强化他们对“三治”融合治理的组织协调能力；要加大农村普法工作力度（黄辉里，2021）。要引导村民遵守法律，有问题依靠法律来解决，形成守法光荣的良好氛围（王卫东，2021）。

三、H县“三治”融合乡村治理状况

本次调研采取“问卷＋访谈＋实地观察”的形式进行。共发放问卷51份，收回问卷51份，其中有效问卷48份，无效问卷3份。完成对14位村民和村干部的结构式访谈及深度访谈，其中完成对村民的访谈8份，村干部的访谈6份。调研对象涵盖H县的5个村庄。通过访谈、实地考察，收集了各村庄的民主选举、村民自治、德治、法治等实践素材。

（一）调查对象的基本情况

1. 问卷调查对象的基础情况

本次问卷调查中，受调查者男性占60.42%，女性占39.58%，男女比例基本均衡。由于青壮年多数不在家，受调查者以中老年人为主，其中，40岁以上的约占66%，20～40岁之间的约占24%。政治面貌上，75%的受调查者为群众，共产党员约占23%，预备党员约占2%。文化程度上，初中毕业者约占37%，小学毕业者约占32%，高中毕业者和本科毕业者分别约为21%和10%。

2. 访谈对象的基本情况

本次调研的访谈对象大致可分为两类。一是村干部、村两委相关工作人员，如村委会主任、村民委员会成员、村支部书记、村主任、村小组长等。这一类调查对象知识文化水平较高，且大部分为党员，有较好的表达能力，对村里的相关工作以及整体情况较为了解，能为此次调查提供较多的信息，但也可能存在讲述信息大而空，对部分调查内容不愿透露真实情况的情形。二是普通村民。与村干部相比，他们对村里自治、法治、德治情况的了解和感受，呈现不同年龄、不同文化程度、不同政治面貌的差异性。我们把二者提供的信息相互印证，以便获取更真实有效的信息。

（二）H县乡村自治基本状况

村民自治是指在农村社区的居民自己组织起来，实行以民主选举、民主决策、民主管理、民主监督为核心内容，进行自我管理、自我教育、自我服务的一种政治参与形式，它是实行直接民主的一种基本形式。与村民自治核心内容相对应的村民自治权就包含了选举权、决策权、管理权和监督权。农村能否通过村民自治的途径实现民主，村民能否切实享有宪法赋予的村民自治权，将直接影响和制约整个农村地区民主化和“三治”融合的进程。为了深入了解H县村民自治在乡村治理中所发挥的作用，本调研团队在H县的X村、M村、H村、D村等五个村庄开展了“走访观察+问卷+访谈”的实地调查。调研情况分析如下。

1. H县的村民自治制度化取得了一定成效

各村庄都进行了换届选举，依法成立了村委会，选举的民主化程度不断提高；大部分村民认识到自己拥有民主选举的权利，村民的民主意识越来越高；法律规定的村规民约、村民会议、村民代表大会和村务公开制度等自治制度，得到了不同程度的落实；各个村基层组织都根据各地的实际情况进行创新，发展出网格化管理、党小组管理等不同形式的管理形式；党和国家对于村民自治和乡村振兴战略给予了高度重视，采取了有力措施，如在贫困村设置驻村第一书记、乡镇政府指导村基层组织工作等；村民自治基础和条件不断改善。由于政府对民生问题的关注度不断提高，对农村建设力度加大，惠民补贴政策增多，农村基础设施建设也在不断加快和完善，为村民自治奠定了良好的物质基础。由此H县各村的村民自治制度化建设取得了一定成效，农村村民自治情况有了很大的进展，村民自治权利得到了一定的保障，村民自治朝着更加健康的方向发展。

2. H县村民自治过程中存在的问题

尽管H县各村的村民自治制度化建设取得了较大成效，但在实地调研中，团队依然发现在村民自治过程中存在不少值得探究的问题。

(1) 关于民主选举的问题

第一，村委会选举是否执行了村民直接选举。村民直选是村民自治中的重要环节，它是村民自治的前提和基础，没有民主化的选举，就不可能有民主化的决策、管理和监督，村民自治也就无从谈起。关于民主选举过程，团队在对D村一位村民进行访谈时，这位村民反映：“知道马上要换届，但是具体情况不清楚。”村支书表示：“村委会作为一个自治组织，在村民中先选出来村民代表，在村民代表中选出村委会成员，如至少有六个人参加选举，差额选举出村委会成员。”村民与村干部关于村委会的选举过程存在不同的理解和感受，在一定程度上反映了在民主选举村委会的过程中，村民自身的民主选举权利并没有得到很好的保障。

接下来的问卷数据，似乎作了印证。在对问题“据您所知，本村村委会每几年进行一次换届选举”的调查中，54.2%的受调查者表示不清楚几年进行一次换届选举，18.8%的受调查者表示每四年进行一次换届，20.8%的受调查者表示每三年进行一次换届，2.1%、4.1%的受调查者认为村委会每两年或五年进行一次换届选举（如图3-1）。可见，大多数受调查者对村委会换届选举的情况不太了解。在对“投票选举中村子里是否有秘密画祟间或写票处”的调查中，将近一半的受调查者（47.9%）没有听说过村子中有或者没有秘密画票间或写票处，35.4%的受调查者表示没有秘密画票间或写票处，仅有8.2%的受调查者表示村子里有秘密画票间或写票处（如图3-2）。调查数据似乎可以从一个侧面印证村民对村委会换届选举的流程不太熟悉。

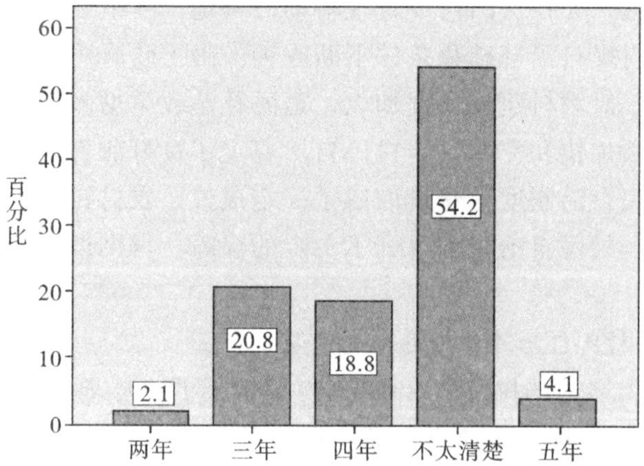

图 3-1　村委会每几年进行换届选举

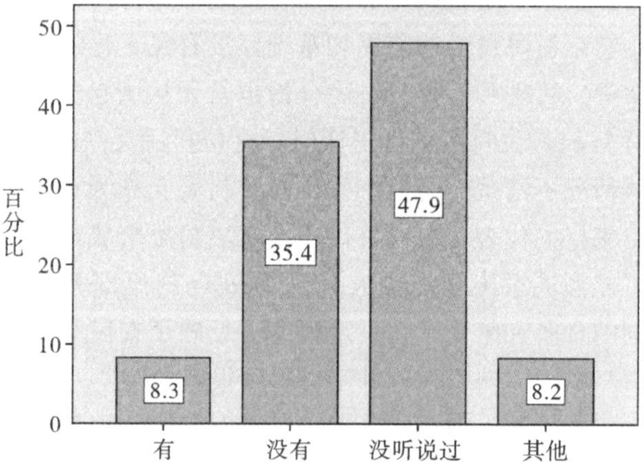

图 3-2　投票选举中村子里是否有秘密画票间或写票处

第二，存在村民对民主选举参与积极性不高的现象。团队在对 E 村一位村民进行访谈时，询问村民为何不去参与选举时，该村民反映：“通知我就去，不通知我去干什么。”村民没有主动参与选举的意识，都是接到村委会的通知后才会前往投票。如果村委会不通知，村民们也不会主动去要求，而是放弃自己的选举权。此外，我们访谈对象大多为中老年人，青年人大多都外出务工，平时不在村里居住，村里进行换届选举时，对于外出务工人员不好把控，外出务工人员对于村里换届选举情况不了解，也不会回到村子进行投票。他们大多对村民自治存无所谓的态度，认为与自己无关。问卷数据也印证了这一点。在对问题“过去的十年里，在村委会主任换届选举时您参加过几次投票”的调查中，45.8%的受调查者十年没有参加过一次换届选举，而在参加过换届选举的村民中参加过两次的村民仅占总体的 27.1%，参加过四次换届选举的村民仅占 4.2%（如图 3-3）。

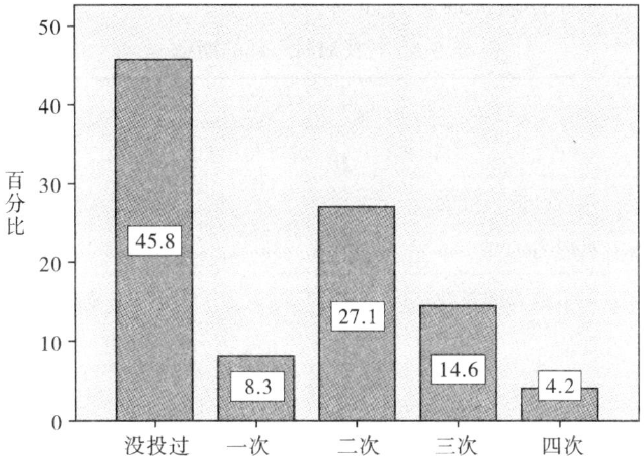

图 3-3 过去十年村委会换届选举参加了几次

在进一步调查村民不参加换届选举的原因时，41.2%的受调查者表示不参与选举是因为选举时不在村里，15.7%的受调查者认为，选举结果和自己没有什么关系，分别有 9.8%和 7.8%的受访者认为候选人与自己希望不符，选举只是个形式，另外，还有 25.5%的受访者是因为其他原因（如表 3-1）。除去村民因外出务工不能参加村委会选举外，大多数村民缺乏对换届选举参与的积极性，这些都反映出村委会在民主选举过程中存在的问题。

表 3-1 不参加换届选举的原因

		响应		
		N（人）	百分比	个案百分比
不参加选举，原因主要是	选举只是形式，结果早就定了	4	7.8	8.5
	谁选上和自己没什么关系	8	15.7	17.0
	每次候选人都不是我希望当选的人	5	9.8	10.6
	每次选举时我都不在村里	21	41.2	44.7
	其他	13	25.5	27.7
总　计		51	100.0	108.5

有效样本：47　缺失样本：1

尽管多数受访者因为各种原因表现出对村委会换届选举的不积极态度，但并不表示他们对村干部没有期望。问卷调查数据显示，76.5%的受访者都表示希望选举有能力的村干部（如表 3-2）。有一点非常值得肯定的是，H 县各村村委会选举时，97.9%的受访者都表示没有人在选举之前给过自己好处，不存在贿选现象（如图 3-4）。

表 3-2 村民对村干部的期望

		响应		
		N（人）	百分比	个案百分比
下次选举，你会选哪种人	和自己关系好的	2	3.9	4.2
	有能力的	39	76.5	81.3
	大多数人选谁我选谁	4	7.8	8.3
	其他	6	11.8	12.5
总 计		51	100.0	106.3

有效样本：48 缺失样本：0

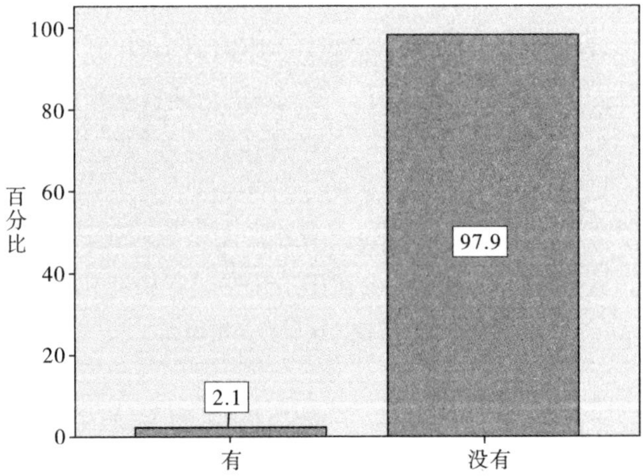

图 3-4 村委会选举之前有没有人给过您好处

（2）关于民主决策的问题

民主决策是村民自治的一个重要内容。民主决策权是村民参与村民自治的核心权利，关涉村民的知情权、参与权、财产权等诸多权益，它是保证村民有效自治的前提。民主决策的运行受阻，不仅损害到村民的决策权，同时也会直接影响到村民的切身利益。村民参与民主决策的一个重要途径就是村民会议和村民代表会议。团队通过对 H 县 5 个村庄的考察、访谈和问卷信息的综合分析，认为乡村自治在民主决策方面可能还存在如下方面的问题。

第一，群众村民参与民主决策的机会被弱化。团队首先对所选定村庄的村支书进行了访谈，以整体了解村里的基本情况。几乎所有受访的村支书都提到，村里的大事都会召开村民大会，由村民商讨决定，商讨结果会在公示栏进行公示。比如，H 村村支书在谈及星级文明户的评选时说："一般是几十个比较有名望的人聚集在一起，和全部的党员，再加上村委员成员和小组组长，这些人集合起来进行评估，划分十星、九星、八星的等级。"但是，团队在对村民进行访谈时，我们询问了村里面集体产业、扶贫户、"星级文明户"的评选等情况，大部分政治面貌为群众的村民都表示对这些事情不了解，没有参与过村里的民主决策过程，也没有去关注公示结果。比如，H 村一位村民表示："村里进行了文明户评选，分三个等级，十星级、九星级、八星级都有，估计是评估出来的，但是具体不太清楚。"在回答"村里决定重大事项是否会举行村民大会或者其他形式征求村民意见"时，很多受访者表示没有参与过或者很少参与关于村中重大事项的决定并发表意见，只有少数受访者表示经常有或每次都有征求意见，这与部分政治面貌为党员的受访者表示参与了村民代表会议、商讨村里面的大事能够相印证。由此可以推论，群众村民在参与村里事务决策的机会被弱化。同时，村委会没有弄清楚基层组织在村民自治中的地位与责任，将村民的自治范围划分为村委会管理范围，民主决策实际上就变成了村委会决策。

表 3-3　村里决定重大事项是否会举行村民大会或者其他形式征求村民意见

年龄	每次都有	经常有	很少有	没有	不清楚	合计
10～20	0%	0%	0%	0%	100.0%	100.0%
20～40	9.0%	18.2%	18.2%	18.2%	36.4%	100.0%
40～60	28.6%	28.6%	14.3%	19.0%	9.5%	100.0%
60 以上	0%	25.0%	33.3%	33.4%	8.3%	100.0%

有效样本：48　缺失样本：0

第二，青壮年村民较少关注村里事务决策是否会征询村民意见。通过对不同年龄受访者的对比研究，团队发现，在受访者中，40 岁以下的青壮年村民对于是否征求村民意见的情况不清楚的人较多，20 岁以下的青少年均表示不清楚，36.4%的 20～40 岁的受访者表示不清楚，40～60 岁和 60 岁以上的受访者表示不清楚的分别占 9.5%和 8.3%。综上所述，青壮年的受访者对于参与村中重大事项的积极性较低，关注较少。

（3）关于民主管理的问题

民主管理是村民自治的重要体现，其基本要求是村务管理必须公开透明。村务公开是保障村民知情权的基本途径，是增强村委会公信力的制度，更是村民参与民主管理与民主监督的重要保障。村规民约是一个村组织民主管理规范化的重要体现。村务公开的透明程度以及村规民约的作用发挥是民主管理是否有效的重要体现。根据调研，我们发现 H 县 5 个村落的民主管理均存在着一定的问题。

第一，村委会办事基本公开透明，但存在村委会和村民对村务公开态度较为随意的现象。在对村委会办事是否公开透明的调查中，52.1%的受访者对村委会办事公开透明表示很满意，仅有 8.3%的受访者表示很不满意，但也有 16.7%的受访者对村委会办事是否公开透明表示不清楚（如图 3-5）。由此可见受访者对村委会办事公开程度满意度较高，也有部分受访者对村委会相关情况关注度较低。在对村务公开制度的满意度的调查中，大部分受访者对村务公开制度表示满意，其中 43.8%的受访者表示基本满意，14.6%的受访者表示比较满意，20.8%的受访者表示非常满意，但有 20.8%的受访者对村务公开制度表示不满意（如图 3-6）。

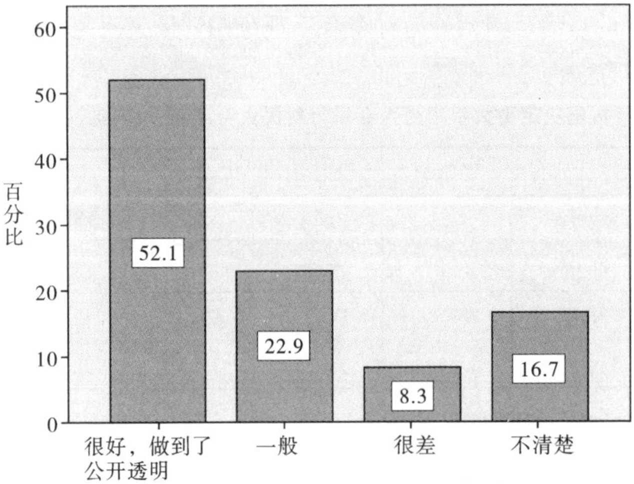

图 3-5　您认为村委会办事公开透明吗

在进一步的访谈中，调研团队也发现，村委会和村民对村务公开的态度都比较随意。E 村一位村民反映：“村务公开也没有什么公不公开的，我没有看到，财务公开也没有看到。”我们向 E 村村支书进行访谈调查时，E

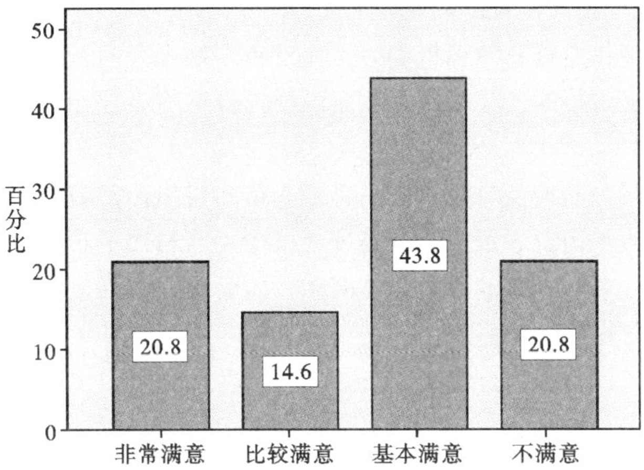

图 3-6　您对本村村务公开制度满意吗

村村支书表示：“公示栏原先都有，因为大风，把纸吹走了。我们原先做的公示栏，因为天气影响，做得不怎么牢固然后就倒了，我们现在这个公示栏就是走廊的这个墙壁，村中公务都是在这个走廊墙壁上公示。”然而村委会所在位置与大部分村民家相隔甚远，我们在调查过程中也并没有看到公示内容，因此村务公开范围程度有限，且存在一定漏洞。其余几个村子也存在公开范围有限、形式单一等问题。除此之外，村民对村务公开的关注度不够，一方面是村民对村务公开制度以及应当公开的内容和形式不了解，另一方面是村委会对村务公开不重视，使得村民民主管理权流于形式。

第二，村规民约流于形式。村规民约是一个村组织民主管理规范化的重要体现。村规民约源于乡土社会，因地制宜，应是结合本村的习惯且得到村民普遍认可的一种契约式规范。但如果村规民约只是形式化的样本，其作用与价值就会大打折扣。从访谈中我们了解到，就村规民约的作用而言，很多村民对本村的村规民约并不了解，认为村务管理也没有按照村规民约组织实施，村规民约形同虚设。比如D村的一位村民了解的村规民约仅限于村规民约都在村部那边张贴着。当我们问及村支书如何制订村规民约以及村规民约的内容和实施情况时，很多人的回答也是含糊其词。在问及E村村支书村规民约制订过程时，村支书仅仅只回答了“有啊，村规民约也是开民主会议议出来的”。如此制订的村规民约，自然难以在村民自治中发挥作用。

（4）关于民主监督的问题

民主监督是监督和约束村委会工作的重要制度，村民的民主监督是对村委会工作最直接的监督形式，然而民主监督在村基层组织中的基础极为薄弱。

第一，村民监督委员会的作用有限。很多村里面没有设置村民监督委员会。大部分受访者表示，监督委员会极少列席村民委员会会议，委员会成员也只是挂名，具体监督内容不明确，监督会也只做表面文章，并没有发挥实际监督作用。

第二，村民监督权行使不充分。《村民委员会组织法》对村民监督权的直接规定主要体现在对村务的监督上。由于村务公开制度落实不到位，村民对村务公开的监督自然也得不到落实。即便发现了村委会有什么不当行为，村民们也会选择不反映。比如，在发现问题为什么不反映的主要原因的调查中，一半以上的受访者选择了没有这种情况，24.1%的受访者表示反映了没有用，13%的受访者表示这不是自己一个人的事，3.7%的受访者表示担心遭到报复，7.4%的受访者表示都是熟人，不好意思说（如表3-4）。可见，受访者不愿意行使监督权的主要问题在于“反映了也没用”。

表 3-4　发现问题不反映的原因

		响应		
		N（人）	百分比	个案百分比
您发现问题而不向上反映的主要原因是	这是村里的事情，不是我一个人的事	7	13.0	14.6
	担心遭到报复	2	3.7	4.2
	反映了也没用	13	24.0	27.1
	都是熟人，不好意思说	4	7.4	8.3
	人家给我好处	0	0	0
	没有这种情况	28	51.9	58.3
总　计		54	100.0	112.5

有效样本：48　缺失样本：0

（三）H县乡村法治基本状况

乡村法治是凝聚乡村社会共识、推动乡村社会发展的根本需要。我们通过“观察＋问卷＋访谈”的方式，对H县X村、M村、H村、D村等五个村庄的法治情况展开调研。数据表明，每一个村都制订了乡规民约、自治章程。其中，乡规民约囊括计划生育、村风民俗、社会治安、邻里关系和婚姻家庭等方面；村红白理事会章程包括组织机构、职责和任务、制度和措施、纪律等，对村民婚丧嫁娶等事宜有明确规定，这为乡村法治提供了依据和保障。但不可否认，H县乡村法治还存在着诸多问题。

1. 村民对于法律存在理解偏差，法治意识有待加强

受经济发展水平、受教育程度的影响，大部分村民的法律知识缺乏，对部分法律条款理解困难，法治意识不强，一些封建落后的观念仍然根深蒂固，在遇到麻烦纠纷时，不会选择寻求法律援助，而是更倾向于私下解决。表3-5和表3-6的问卷数据也证实了这一点。

表3-5 与邻里发生纠纷采取的措施

		响应		
		N（人）	百分比	个案百分比
如果您与邻里发生纠纷，您会	采用极端方式解决	2	3.6	4.2
	向村委会等寻求帮助调解	40	71.4	83.3
	走法律途径	14	25.0	29.2
总计		56	100.0	116.7

有效样本：48　缺失样本：0

表3-6 涉及法律问题解决的途径

		响应		
		N（人）	百分比	个案百分比
涉及法律问题，你会通过哪些途径解决	寻求政府部门的援助	28	50.9	60.9
	找具有相关工作关系的亲朋帮忙	2	3.6	4.3
	带点礼品请他人帮忙	1	1.8	2.2
	寻求律师帮助	15	27.3	32.6
	上访	9	16.4	19.6
总计		55	100.0	119.6

有效样本：46　缺失样本：2

在对村民是否知道自己的权利与义务的调查中，40.4%的受访者表示知道自己的权利义务，但不是很清楚，38.3%的受访者明确知道自己的权利和义务，但也有少部分受访者表示只知道不犯法或者凭良心做事（如图 3-7）。由此可推断，大部分村民有一定的法律意识，基本知道自己的权利与义务，但大部分村民都需要加强法律教育。

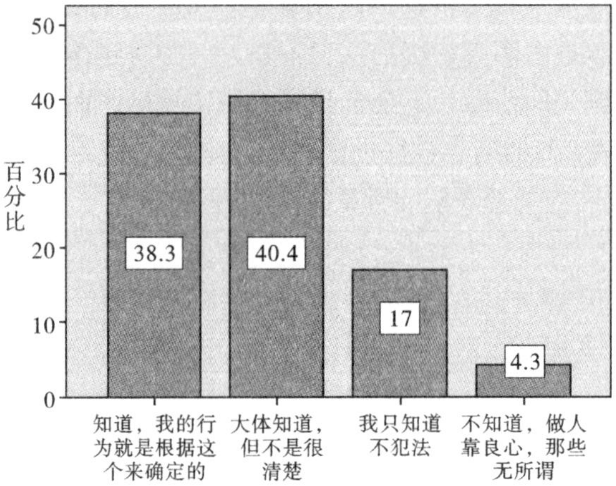

图 3-7　您知道自己的权利与义务吗

2. 治理主体法治思维薄弱

法治思维是法治文化形成的基本前提。长期以来，我国乡村社会法治土壤缺失，传统的官本位、权力至上的思维方式根深蒂固，法治思维不足。基层村干部作为民选干部，一般是由村里有威望或有影响的人担任，他们对乡村事务有较高的发言权和决定权，而其权力受到的约束较小。在权力缺乏监督的情况下，他们往往倾向于按照自己的意志办事，平时不学法，办事不用法，法治思维和法治素养不足。比如在贫困户的问题上，X 村某位村民反映，“他（村主任）说了算。他说的贫困户就是贫困户。根本没有派人去选”。同样在文明户的评选中这位村民也给出了类似的回答“不评，他说好就好，不好就是不好”。乡村事务繁杂、乡村干部法治素养不高，在基层依法办事容易受挫或办事效率不高，往往超越权力边界，采用行政命令等手段办事。在调研过程中，我们发现，一些本是村民自治内部事务，需要广泛征求村民意见并由村民集体决定的，由于在最终决策中缺乏村民参与，最后往往由基层政府和村委会代为决定。E 村村民表示，没有参加过村民大会，虽然他一直在家中务农，没有外出打工，但是从没有人通知他去开会。从问卷反馈的情况来看，有 35.4%的受调查者表示村委会完全做到了依法办事，有6.3%的受调查者表示村委会完全没有依法办事（如图3-8）。

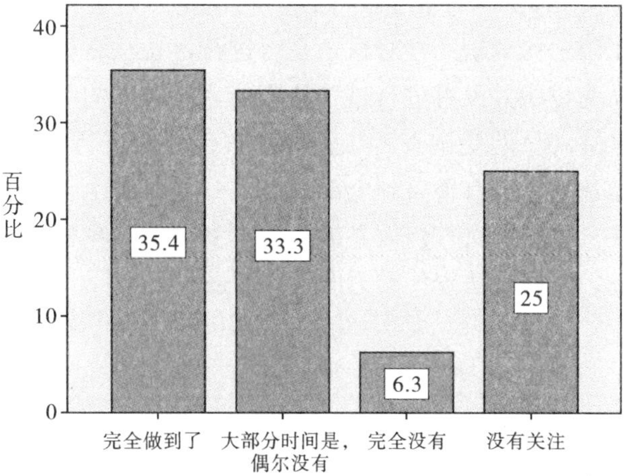

图3-8 村委会是否做到了依法办事

3. 乡村法治机构尚未健全，法治服务人才紧缺

就调研情况来看，农村法律服务机构的数量少、工作效率低，且多数为法律服务所和国家公益性的法律援助机构，缺少权威性的法治机关。此外，由于法律知识的专业性和就业空间等原因导致绝大多数法治人才流向城市，从事乡村法治服务工作的人才更是少之又少，难以满足乡村法治的需要，村民的法律诉求很难得到满足。缺乏统一的法治环境，不但制约了乡村地区和农业产业的发展，而且也直接对村民的切身利益造成了不利影响。在X乡，我们小组通过走访得知，村中基本没有法律援助，只是听说有律师会到村委会值班，但是从未见过律师本人，也没有人去找过律师帮忙。而在询问D村村民“您知道村委会对村民有法律援助吗?”村民的回答是“这个好像没有”。

4. 乡村法治文化供给不足

其主要表现在二个方面。

一是乡村普法宣传教育的活动形式固定化，缺乏创新性，普法宣传的力度不够大。目前乡村普法活动的主要形式还集中在法治节日送法治资料下乡、设现场法律咨询点、发法治宣传册等方面。根据实地调查发现，这些活动往往很难引起村民的兴趣，M村某星级文明户在访谈过程中表示，自己并没有参加过什么普法宣传，也没有宣传车进村进行普法宣传。在对村民了解法律知识途径的调查中，数据显示，村民了解法律的主要途径是电视节目，占到了总受访者的44.7%，通过村委会的普法宣传了解法律的受调查者达到29.8%，通过新兴的短视频等互联网了解法律途径的受调查者仅占4.3%（如图3-9）。由此可推断，村民主要是通过电视和法律宣传等传统方式了解法律知识。在对村子是否进行过普法宣传的调查中，25%的受调查者认为村中并没有进行过普法宣传，35.4%的受调查者认为偶尔有一次两次，39.6%的受调查者认为普法宣传经常进行（如图3-10），由此可推断，普法宣传没有覆盖到全部村民，一些村民由于各种原因可能错过了普法宣传。可见普法宣传效果远远达不到预期，乡村普法宣传活动的形式亟待创新，乡村普法宣传的力度亟待加强。

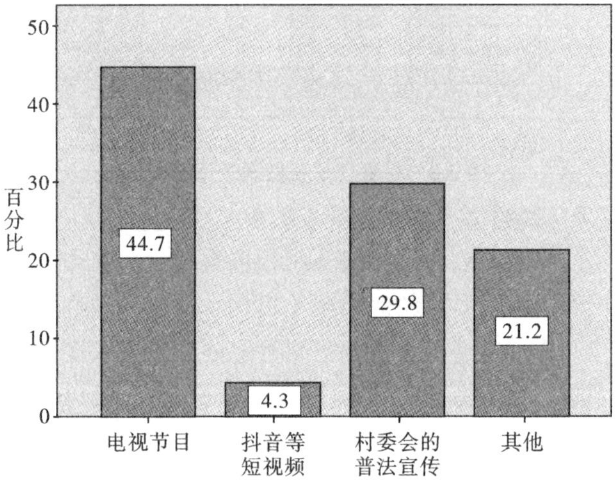

图3-9　您通过什么途径了解法律

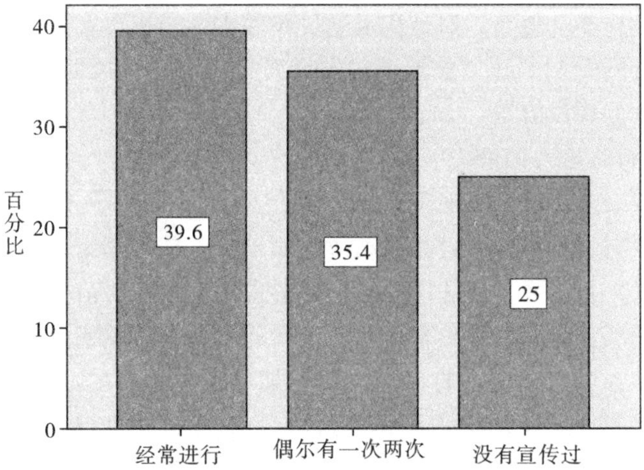

图3-10　村子中是否进行过普法宣传

二是法治宣传内容不接地气。我国法律体系庞大，法律内容极为丰富，不可能将所有法律条文都给农民宣传，选择与农民生活关系密切、农民应知应会的法律进行宣传当是法治宣传的首要选择。从调研情况来看，宣传内容与农民诉求不能有机契合，很多宣传内容与人们日常关系不大，人们学法意愿低，法律宣传流于形式。

三是法治文化设施活动有限，文化品位有待进一步提升。我们在调查中走访乡村角落，基本没有任何法治文化设施，仅有少数文化宣传画。

5. 村规民约与法治之间缺乏平衡

村规民约作为村民自治的有效载体，通过国家法律的确认与自治传统的发扬、集体认同心理的支撑相结合发挥着积极作用。但村规民约作为乡村治理的基本参照准则，不可避免地在制订和实施过程中存在不足，限制了其作用的发挥，主要表现在以下两个方面：

首先，在村规制订层面。根据《村民委员会组织法》的规定，村规民约或村民自治章程等由村民会议制订修改。但村民多外出打工，使得村民会议召开困难，一些农村地区“空心化”严重，村民会议实际上处于停滞状态或直接由村民委员会、村民代表大会、党支部组织讨论通过，没有完全体现村民民主自治。D村村书记表示：“村规民约一般都是村两委再加上村民代表研究制订村规民约。”这导致村规民约内容陈旧过时，不能适应乡村新的社会状况。

其次，在村规实施层面。村规民约在具体实施过程中，一方面，制裁措施和手段可能存在违法情况，不易使村民认可接受，另一方面，看似内容完整的乡规民约，实际上缺乏可信度和可行性，在运行过程中难免流于形式，得不到群众的认可和遵从。H村村民就表示：“不知道有村规民约这种东西，也不知道是如何制订出来的。”在对本村是否存在村规民约的调查中，受访者中知道村中存在村规民约的和不知道村规民约的各占50%，由此可见村规民约并没有被全部的村民熟知，村规民约起到的作用有限。

（四）H县乡村德治基本状况

H县村民自治制度化取得了较好成效。一是移风易俗取得成效。走访的所有村庄都表示村中红白事操办中没有了大操大办的现象，提倡节约，减少浪费。即使有，村委会也会及时制止。调查数据也显示，

95.7%的受访者认为红白事量力而行就可以，只有4.3%的受访者还存在着大操大办的思想。二是道德建设取得一定成效。各受访村都表示村中有“星级文明户”“好媳妇”“好婆婆”等活动的评定，并给予当选家庭以公示、挂展示牌等精神奖励，部分村还有老党员、退伍老兵的慰问活动，体现了乡村治理中的人文关怀。三是文化建设取得一定成效。各村都建设了村民公共活动区域，例如文化广场等，并且每年还会开展“文化大舞台”等活动，村委会或村委会委托其他企业组织村民观看电影，丰富村民的文娱活动。但不可否认，H县乡村德治建设也存在一些亟待解决的问题。

1. 民主评选活动流程问题

虽然各个村都在开展“星级文明户”“好媳妇”“好婆婆”等民主评选活动，而且，我们在走访中也能看到一些人家门口挂有“十星级文明户”标牌，但村干部和村民对此评选流程表述存在偏差。大部分村干部都表示，评选结果由小组干部、党员和村民代表选举产生，并进行了公示，但几乎所有的村民都表示未参与过评选投票，甚至有村民表示不知道村里的评选流程，只见到有人家门前挂上了牌子。如E村一位光荣在党五十年的老党员表示：“没有评过什么‘星级文明户’‘好媳妇’‘好婆婆’之类的荣誉，好媳妇好婆婆肯定是有，但是村里没有看到过搞这些活动。”这种现象的产生一方面源于村委会的宣传号召不到位，不能做到在评选前通知到每家每户，而是采取张贴公告的方式，或仅通知部分村民，另一方面也与村民自身对村中事务欠缺关心有关。许多村民不了解情况，不仅导致评选流程存在不公平的可能性，也导致此类民主评选活动的影响力和公信力下降，使德治活动效果达不到预期。

2. 封建迷信没有完全破除

虽然在各级主管部门的努力下，各行政村在破除封建迷信上取得了较大进步，但村民求神拜佛的活动并没有完全停止。村中有许多信仰佛教的老人，他们在重大节日的时候会去寺庙烧香拜佛，不少村民表示去庙里也不能说是封建迷信，只是一种信仰自由。问卷数据表明，有超过一半的受访者会去拜菩萨，6.3%的受访者表示经常去（如图3-11）。

通过对比不同政治面貌的受访者，数据显示，部分政治面貌为预备党员和共产党员的受访者也会偶尔去宗教场所拜神（如表3-7）。由此可见，破除封建迷信依然是各村需要努力解决的问题。

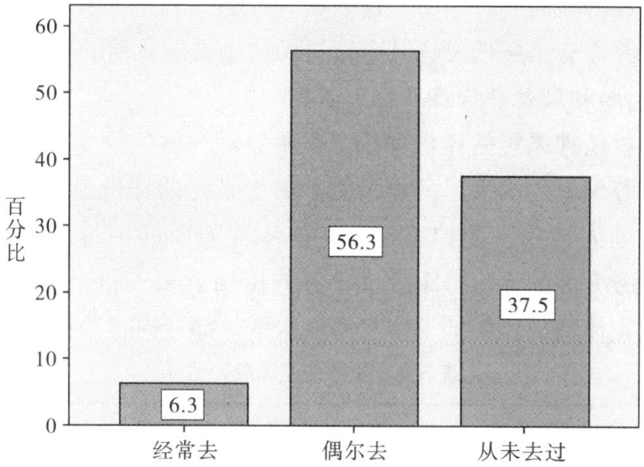

图 3-11　您是否去拜过菩萨

表 3-7　您是否去拜过菩萨

		经常去	偶尔去	从未去过	合计
政治面貌	群众（人）	3	23	10	36
	预备党员（人）	0	1	0	1
	共产党员（人）	0	3	8	11
合计		3	27	18	48

有效样本 48　缺失样本 0

反邪教工作仍然繁重。尽管所有村委会在反对邪教进村和严厉打击邪教方面都采取了严厉的措施，但我们在走访村庄时，仍然发现了在电线杆上贴有邪教组织的宣传页。某村支书介绍说：“那些人就像打游击一样，他今天在这里，明天在那里，也不好打击，报警了也可能找不到人，我们的‘网格员’也不能自己去把那些人抓住然后再报警。”邪教组织危害性极大，各村在打击邪教方面仍然任重道远。

3. 文化活动形式单一且质量较低

我们走访发现，大部分村建立了文化广场、文化大舞台等设施，在一定程度上丰富了村民的文化娱乐生活，但图书馆、农家书屋等阅读场所较少，村民文化活动可选择性较少。一位村民透露，文化大舞台活动的节目主要是唱歌跳舞，内容和形式比较单调。村中几乎每家都有麻将桌，每隔一两户人家总能看见一群村民在聚众打牌。问卷数据显示有 33.3%的受调查者表示会在闲暇时间打麻将。这表明，H 县乡村的文化广场、文化大舞台等活动，并没有很好地发挥其丰富村民文化娱乐活动的功能。

4. 乡村精神风貌评价存在较大差异

关于乡村精神风貌的评价如表 3-8 所示，均值位于 7.64～9.04 之间，总体处于中等偏上的水平。其中，关于男女平等的评价最高，均值达到了 9.04，但在助人为乐、爱护公物、保护环境方面的评价较低。在奉献社会、热情服务方面的评价差距较大，方差达到了 5.7 和 5.3 以上。由此可推断，村民整体精神风貌处于中等偏上水平，部分内容争议较大。

表 3-8 乡村精神风貌评价

村民精神风貌	极小值	极大值	均值	标准差	方差
文明礼貌	1	10	7.83	2.210	4.883
助人为乐	1	10	7.64	2.141	4.584
爱护公物	2	10	7.74	2.111	4.455
保护环境	1	10	7.79	2.074	4.302
遵纪守法	3	10	8.28	2.008	4.031
重信守义	1	10	8.00	2.043	4.174
孝老爱亲	1	10	8.26	2.162	4.673
男女平等	4	10	9.04	1.488	2.216
夫妻和睦	4	10	8.64	1.566	2.453
勤俭持家	1	10	8.68	1.878	3.526
邻里团结	4	10	8.49	1.640	2.690
爱国奉献	3	10	8.70	1.781	3.170
明理遵规	4	10	8.60	1.677	2.811
勤劳善良	4	10	8.83	1.672	2.796
宽厚正直	3	10	8.59	1.641	2.692
自强自律	4	10	8.64	1.580	2.497
爱岗敬业	1	10	7.98	2.202	4.847
办事公道	1	10	7.91	2.234	4.993
热情服务	1	10	8.04	2.303	5.302
奉献社会	1	10	8.00	2.396	5.739
诚实守信	1	10	8.15	2.274	5.173

受访者对村干部的道德素质评价处于中等偏上水平，均值位于 7.98～8.15 之间，如表 3-9 所示。但受访者对村干部评价差距较大，方差都在 4.8 以上。其中，奉献社会方面的方差达到 5.739。可见，受访者对于村干部道德素质的评价两极分化较大。

表 3-9　村干部道德素质评价

村干部道德素质	极小值	极大值	均值	标准差	方差
爱岗敬业	1	10	7.98	2.202	4.847
办事公道	1	10	7.91	2.234	4.993
热情服务	1	10	8.04	2.303	5.302
奉献社会	1	10	8.00	2.396	5.739
诚实守信	1	10	8.15	2.274	5.173

5. 少数村民个人素质有待提高

在对有人破坏公物是否会去制止的调查中，超过四分之三的受访者表示会采取行动，72.3%的受访者表示会马上阻止，21.7%的受访者表示会去找相关工作人员来制止，这说明大多数村民有一定的社会责任感。但有约占 3.3%和 2.7%的受访者选择了视而不见或者等别人去阻止。可见，大部分村民有一定的社会责任感，但也有少数村民缺少集体意识。

在对村民信用度的调查中，大多数受调查者表示没有欠债不还的行为，比例达到了 95.8%，没有借物未还的占 85.4%，只有 4.2%、14.6%的受访者表示自己欠债未还、其他人有借自己东西未归还的情况（如

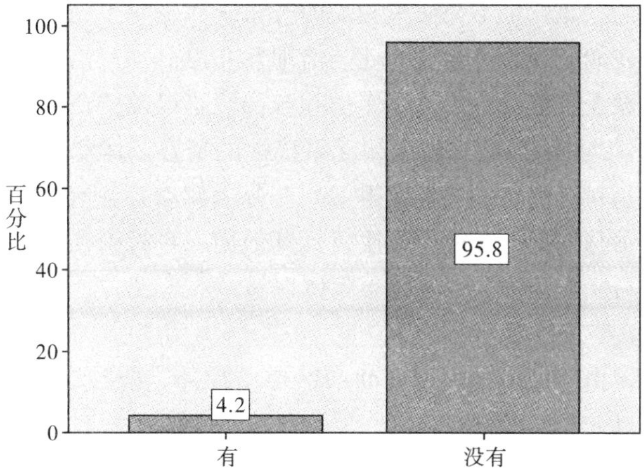

图 3-12　您是否有过欠债不还的情况

图 3-12、图 3-13)。由此可推断,大部分村民信用度较高,只有少部分村民存在信用问题。

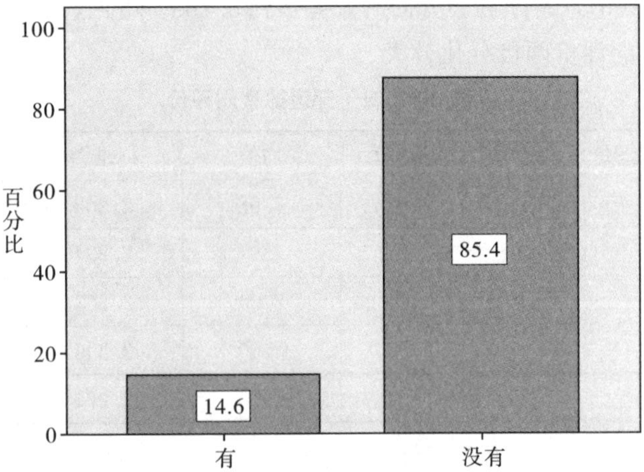

图 3-13 是否有人向您借财物一直未归还

四、H 县"三治"融合乡村治理存在的问题

虽然"三治"融合的乡村治理已经上升到国家战略层面,但是其在具体实施过程中仍然面临着"三治"融合治理理念尚未成型、治理主体弱化、"三治"融合的治理机制不够完善等问题。

1. "三治"融合理念缺乏系统性

虽然自治、法治、德治在治理中的作用和着力点有所不同,但三者不是彼此割裂的状态,也不是简单相加的关系,而是一个完整系统的有机整体。调研中我们发现,各乡村的社会治理并非没有"三治"与"融合"的理念,而是缺少统筹"三治"工作的综合部门,以及"三治"融合的执行和监督载体。"三治"融合理念缺乏系统性的培育,体现在乡村各方面工作中,那就是村民的自主参与性得不到充分的调动,法治精神和道德引领价值在村民参与治理的实践中无法发挥其效用,乡村内在传统资源与现代法律制度在村民自治中的效用得不到体现。

2. 治理主体流动性强

一方面,由于城市与农村之间的医疗、教育等公共资源占比不平衡,城乡差距推动年轻人离开家乡去外地打工,只剩下老年人和儿童留守村里。这两类人群因文化素质、能力等,很难承担乡村治理的责任。农村常住人口的不确定性,增加了乡村治理的难度。另一方面,作为村委会和普通村民之间连接纽带的村民代表、村民小组组员，大部分并不在农村，导致村民参与乡村治理的渠道受损，制约了“三治”融合治理的效能。

3. 治理主体协同合作程度低

一方面，在距离县城比较近的村镇，存在乡镇政府干预村民自治、村两委工作的能动性，甚至出现贿赂村干部导致损害村民利益的行为。另一方面，村民没有参与管理村中事务的意识与能力，认为自己缺少话语权，村民自治实际上是村两委少数人说了算的“村干部自治”，自己是否参与没有多大作用，因而参与积极性不高，甚至认为村里的事跟自己无关，村干部不通知就没有必要参与。

4. 乡村治理主体意愿和能力制约

一方面，受自身财富自由程度的影响，村干部和村民小组组长不能在村里公共事务上投入全部时间和精力。在 M 村调研时，一个村民小组组长就提到，组长没有工资，村里公共事务投入是义务劳动。迫于经济压力，他们大多数时间也都在外务工，无法常住村里。在其他村调研的结果也大抵如此。也有村民谈到，村支书同样面临经济压力问题，“村里面本来想让我儿媳当村支书，但是我儿媳不愿意，现在去了广州打工。村支书工资太低，一年就三万块钱，根本不够养家糊口”。在 E 村，一位大爷在访谈中则提到“有钱人争着去当干部”。另一方面，村干部和村民小组长的素质影响乡村治理的效能。在乡村“三治”融合做得比较好的村庄，比如 M 村，村干部做到了为村中百姓服务，村中各项事务公开，也鼓励村民参与村庄治理。村民也支持村干部做的各项工作并积极配合，选举村民代表，参与村中事务，支持村干部连选连任。但在 E 村，村民和村干部分歧严重，村干部只有三人，且村中事务不够公开。村民没有参与村中事务的渠道，也不信任村干部的各项措施，认为村干部私吞捐款、侵占土地，甚至在村委会大门上写言辞激烈的标语来表达自己的不满。

5. “三治”融合的乡村治理机制不完善

一是宗族关系的影响。大姓宗族人数多，选票占据明显优势。选举出来的村干部，容易做出偏袒本族村民利益的决定。比如，评选低保户时，大多受访村民表示不知道评选标准，基本由村干部决定。H 村的一位村民在回答“低保户评选有没有开过村民大会”时，仅回答“没有”，其他并不愿多说。有些并不符合低保户条件的村民，因为是村干部的亲戚而被评上，有些符合低保条件的贫困户，却被挡在门外。二是乡村自治物质基础薄弱的影响。H县经济发展相对落后，村民迫于生计外出打工，对村民自治工作持冷漠态度，政治参与感不强。由于村财政的能力弱，在公告栏、广播等设施投入少，也影响了农村自治化进程。三是消极思想观念束缚的影响。自古以来在自给自足小农经济的社会背景下，农民以小生产者的地位生存，“与世无争”“无争无为”的传统文化观念，“官本位”“自上而下”“礼俗重于法治”的传统政治观念，“对人不对事”“随大流”的社会心理在村民心中根深蒂固，不仅影响村民参政意识以及法治观念的形成，也使村民不愿意行使村民自治权利和参与民主自治活动。E村某村民对村民选举的看法就是“通知我我就去，不通知我我去干什么”。还有一些村民因不愿意得罪村干部，怕遭到报复，主动放弃了自己的民主自治权利。在我们进行访谈时，访谈对象再三强调不能把访谈内容泄露给村干部，害怕以后遭到报复或者影响以后和村干部之间的来往。这都影响了村民自治进程，束缚了村民自治进一步发展。

五、提升H县“三治”融合治理效能的对策建议

针对“三治”融合在具体实施过程中仍然面临着治理理念尚未成型、治理主体弱化、治理机制不够完善等问题，本章将从治理主体、治理制度两个方向出发，寻找提升H县“三治”融合治理效能的对策与建议。

（一）提升各类治理主体的治理效能

治理主体的流动性、协同合作程度以及治理能力都对H县“三治”融合治理效能有着重要影响。要提升其效能，首先需从治理主体中的各类自治主体、法治主体、德治主体着手，最大程度发挥各类治理主体在治理中的有效性，提高其治理能力。

1. 自治主体治理效能提升

一要大力鼓励青壮年返乡创业就业，吸引农村青壮年回流。政府要推出扶持政策，鼓励当地农村青壮年返乡创业、就近就业。通过返乡创业、就近就业的方式吸引农村青壮年回流农村。要加强宣传和教育，激发自治主体积极参与村民自治的内驱力，使村民意识到自己是村庄治理的一分子，使村民积极参与到村庄事务的管理中去，形成群众参与的自治共同体。提高留守老人的自治参与能力。要发挥老年党员和妇女党员的先锋模范带头作用，积极参与并带动其他村民参与到自治工作中，利用自身工作经验，为村庄治理工作建言献策。二要积极挖掘乡村中有能力、有威望、

有素质的新乡贤，通过民主选举的方式，使新乡贤成为村干部，充分发挥新乡贤群众基础良好、德才兼备的优点，推动乡村自治效能提升。要加强对乡村干部的针对性培训，提高村干部思想素质和综合能力。三要明确定位乡镇政府的职责范围，定期引导村委会召开村民大会，定期引导村委会召开村民代表大会，将指导融入村民自治的各个方面，避免以行政手段命令村两委执行。

2. 法治主体治理效能提升

一要提高村民法律素养。要把宣传手段传统与现代相结合、宣传时间定期与机动相结合、宣传人员固定与随机相结合，通过广场、村委会、街道墙上宣传画、标语、微信群，或组织村民看法治宣传片等方式，进行普法宣传。设立固定的宣传人员，如村民小组组长定期上门进行普法宣传，或招募村中大学生或中学生志愿者、村民志愿者，在村中不定期进行普法宣传。要以农民利益为基础，立足农民生活生产经营的实际需要，开展法制宣传教育，使农民感受到利益所在。要针对农村法制宣传教育力量不足、经费困难的现状，整合多方资源不断加大对农村法制宣传教育的资源供给。二要约束村干部促其依法行政。明确村民会议和村民代表会议的权限，减少和制约村干部的权力，要采取多种形式对村干部进行法制教育。要加强社会主义政治文化和执政党的行政文化建设，提高干部队伍的思想素质和道德水平，增强村干部自身的法律意识和依法行政意识。三要建设农村法律服务长效机制。要在村民自治主体中发展专职法律便民服务团队，使之制度化、常态化。要从当地实际情况出发，了解服务对象的需求，综合考量服务对象的经济水平、受教育程度、对现代化科技手段的接受能力等因素，因地制宜，合理运用各种法律便民措施。

3. 德治主体治理效能提升

一要充分发挥新乡贤的德治主体作用。发挥新乡贤道德引领作用，涵养文明乡风。要在日常生活和行为处世中发挥新乡贤的示范作用，培育村民良好的社会风气，引领村民学习和践行社会主义核心价值观，推进乡村新的道德体系的重构。二要加强对宗族家族文化的引导和管理，继承优秀传统文化，发挥宗族文化及良好家风在德治中的特殊作用，使之成为乡村治理的一种协助力量。三要发挥宗族文化的德治作用，构建家族良好家风，进一步推动乡村形成向善向美的良好氛围，形成良好乡风，促进乡风文明建设。

（二）制度创新赋能乡村治理有效提升

健全“三治”融合制度规范是实现乡村治理可持续性发展的保障，通过制度的形式将治理实践中取得的成熟经验成果固化，让乡村治理有章可循，指导乡村治理工作健康有序进行。我国传统乡村治理体系的消解、新型现代化治理模式的转变，必须依赖于制度创新。

1. 自治制度创新

村干部是乡村自治的主体之一，村干部在乡村治理的过程中发挥着至关重要的作用。从目前乡村治理的情况来看，对于村干部权益的保障制度尤为匮乏，建立村干部权益保障机制要从以下两点入手：一要建立村干部权益保障制度。要加强经济激励，从农村财政收入中专门划分作为村干部和村民小组组长奖励资金，完善社会保障，提高村干部福利待遇，吸引更多农村优秀青年投身到农村基层民主政治建设和农村小康社会建设，为实现乡村振兴留住人才。二要切实落实村民小组制度。以村民小组为基本单元，发挥村民小组的作用，开展村民自治。落实小组长的工作与补贴待遇，充分调动村民小组组长的积极性。

2. 法治制度创新

一要完善监督制度。要引入第三方社会机构监察村干部，结果定期向村民和社会公示。村民可以通过村民代表大会提出异议，切实推行村务公开目标管理责任制，把村务公开纳入对乡镇及村整体工作的目标管理和考核内容，坚持量化考核，严格奖罚。二要进一步修改完善《村民委员会组织法》及地方实施办法。厘清村委会、村党支部及基层政府的关系，明确职权范围及运作程序，保护农民个人合法权益及与农村生产生活密切相关的权益。三要完善农村基层法律实施机制。从整合法律服务组织机构、实现法律服务机制供需平衡、构建政府主导型的农村法律服务三个层面，强化县级人大对行政主体、司法主体的监督职能，提高人民法庭、司法所等在乡镇村级的覆盖面，提高基层司法队伍的数量与质量，依法设立村务监督委员会，鼓励村民积极依法参与村级事务管理，促进涉农执法司法和法律监督行为规范化、常态化、长效化。

3. 德治制度创新

一要利用村规民约构建乡村德治的柔性线条。积极挖掘传统乡规民约中的道德价值，继承和弘扬传统道德中讲仁崇义、爱国爱乡、明礼诚信、勤俭节约等美德，结合新时代对传统民俗活动进行创造性转换、创新性发展，发挥其价值引领和行为导向作用。发挥乡规民约的社会治理功能，遵循时代发展的新要求，定期对乡规民约的内容进行增补和修订，融入现代价值规范，对高尚的行为进行奖励并编纂入册，对失范的行为采取公益劳动等方式进行教育引导，使之融入村民日常生活的方方面面。二要健全道德评议体系。建立道德评议组织机构，规范评议体制机制，开展道德评议活动。由村民公推直选出政治素质好、事业心和责任感强、组织协调能力强、威信较高的人担任机构成员，并定期换届选举。遵循公开公正客观的原则进行道德评议，村民对评议结果有异议的，可以申请复议。建立个人或家庭道德台账，对评出的好人好事进行广泛表扬和宣传，对不文明不道德的行为进行批评教育，彰显评议的权威性和实效性。三要广泛开展先进人物评选活动。广泛开展“五好文明家庭”“脱贫致富标兵”“百姓好人”等评选表彰活动，开展寻找最美乡村教师、医生、村干部、家庭等活动，树立身边道德典范，运用社会舆论、道德行为规范的感召力、影响力，形成鲜明的舆论导向。综合运用多种途径，深入宣传社会主义核心价值观、道德模范、感动人物、最美家庭等先进个人和家庭的典型事迹，弘扬真善美，传播正能量，用榜样的力量引领乡村文明新风正气。

参考资料

［1］王晓星，杨兴香．构建法治框架下的多元乡村治理模式［J］．人民论坛，2018（11）：98-99.

［2］王东，王木森．平衡充分法治与四位一体建设：法治乡村构建的逻辑与进路［J］．江汉论坛，2020（9）：122-126.

［3］张明进．乡村振兴背景下村民自治的现实困境与化解对策［J］．南方论刊，2019（11）：71-73.

［4］谌千慧，吴勇．社会稳定风险治理“三治”融合路径的实证研究［J］．行政与法，2021（5）：55-65.

［5］周蓉．乡村治理现代化面临的困境及实践路径［J］．乡村科技，2021（1）：17-19.

［6］刘正丽．乡村振兴背景下村民自治的推进路径探析［J］．农业经济，2020（4）：93-94.

［7］刘婷婷，俞世伟．乡村德治重构与归位：历史之根和现代之源的成功链接［J］．行政论坛，2020（1）：24-30.

[8] 齐飞. 国家治理体系中的乡规民约 [D]. 北京：中共中央党校，2015.

[9] 胡玲. 论乡村振兴战略中的乡贤文化建设 [J]. 人文天下，2019 (11)：59-64.

队　　长：耿学栋
成　　员：常菀仪、高睿晗、孙冰洁、杨　義
指导老师：朱桂莲

附件一

关于乡村振兴视角下“三治”融合乡村治理的调查问卷

亲爱的受访者：

您好！

我们是中国地质大学（武汉）马克思主义学院的本科生，我们本次调查旨在了解乡村德治、法治和村民自治建设现状，探究乡村振兴背景下“三治”融合建设现状，希望您在百忙之中抽出时间参与我们的调查，我们将感激不尽！题目选项无对错之分，请您按自己的实际情况填写，我们会对问卷信息进行严格保密。感谢您的合作！

本次问卷共有两种题型。第一种是选择题，选项无对错之分，如有多选已在题目中进行标注，请将您的选择结果在选项前的圆圈中打钩。第二种是程度判断题，共有 1～10 十个数值，十个数值从低到高是从最不满意到最满意，请根据您对这个问题的满意程度在相应的框内打钩。

问卷相关词汇解释：

乡村德治是广大农民群众以乡村德治文化来提高思想道德素质和乡村文明程度，实现乡村治理现代化和善治的一种治理方式。

村民自治是广大农民群众通过村级民主选举、村级民主决策、村级民主管理和村级民主监督等，实行自我管理、自我教育、自我服务的一项基本社会政治制度。

乡村法治是指通过完善乡村公共法律服务体系，提高基层执法质量和

干部群众遵法、学法、守法、用法的自觉性，推进乡村治理法治化水平的一种治理方式。

一、社会背景调查

1. 您的性别 ○男 ○女

2. 您的年龄

○10～20岁 ○20～40岁 ○40～60岁 ○60岁以上

3. 您的政治面貌

○群众 ○预备党员 ○共产党员

4. 您的文化程度

○小学 ○初中 ○高中（含中专） ○本科（含大专） ○研究生

5. 您是否为村干部

○是 ○不是

二、村民自治实践情况

1. 据您所知，本村村委会每几年进行一次换届选举？

○二年 ○三年 ○四年 ○不太清楚

2. 在村委会选举之前有没有参选人员给过您好处？

○有 ○没有

3. 投票选举中村子里是否有秘密画票间或写票处？

○有 ○没有 ○没听说过 ○其他

4. 过去的十年里，在村委会主任换届选举时您参加过几次投票？

○没投过 ○一次 ○二次 ○三次 ○四次

5. 如果不参加选举，原因主要是？（多选）

○选举只是形式，结果早就定了

○谁选上和自己没什么关系

○每次候选人都不是我希望当选的人

○每次选举时我都不在村里 ○其他

6. 您认为村委会（包括村委会主任）办事公开透明吗？

○很好，做到了公开透明 ○一般 ○很差 ○不清楚

7. 据您所知，村里重大事项是谁决定的？

○村委会讨论决定 ○村主任决定 ○村党支部决定

○村党支部书记决定 ○不清楚

8. 据您了解，村里决定重大事项时是否会举行村民大会或以其他形

式征求村民的意见?

〇每次都有 〇经常有 〇很少有 〇没有 〇不清楚

9. 您对本村村务公开制度满意吗?

〇非常满意 〇比较满意 〇基本满意 〇不满意

不满意的原因是______________________________

10. 您发现问题而不向上反映的主要原因是?(可多选)

〇这是村里的事情，不是我一个人的事

〇担心遭到报复 〇反映了也没用

〇都是熟人，不好意思说

〇人家给我好处

〇没有这种情况

11. 下次选举村委会主任时，您会选哪种人?(可多选)

〇和自己关系好的

〇有能力带领村民致富的

〇大多数人选谁我选谁 〇其他

三、乡村法治建设情况

1. 据您了解，本村是否存在村规民约?

〇有 〇没有

2. 如果您与邻里发生纠纷，您会(多选)?

〇采用极端方式解决(影响他人正常生活的方式)

〇向村委会等寻求帮助调解

〇走法律途径

3. 涉及法律问题，您会通过哪些途径解决?(多选)

〇寻求政府部门的援助 〇找具有相关工作关系的亲朋帮忙

〇带点礼品请他人帮忙 〇寻求律师帮助 〇上访

4. 您认为违法就是犯罪吗?

〇是 〇不是

5. 您认为村委会是否做到了依法办事?

〇完全做到了 〇大部分时间是，偶尔没有 〇完全没有

〇没有关注

6. 村子中是否进行过普法宣传?

〇经常进行 〇偶尔有一次两次 〇没有宣传过

7. 您知道自己的权利和义务吗？

○知道，我的行为就是根据这个来确定的

○大体知道，但不是很清楚

○我只知道不犯法 ○不知道，做人靠良心，那些无所谓

8. 您是通过什么途径了解法律的？

○电视节目 ○抖音等短视频 ○村委会的普法宣传 ○其他

四、乡村德治水平情况

1. 您认为本村村民道德素质如何？

	1	2	3	4	5	6	7	8	9	10
文明礼貌										
助人为乐										
爱护公物										
保护环境										
遵纪守法										
重信守义										
孝老爱亲										
男女平等										
夫妻和睦										
勤俭持家										
邻里团结										
爱国奉献										
明理遵规										
勤劳善良										
宽厚正直										
自强自律										

2. 您认为本村干部的职业道德素质如何？

	1	2	3	4	5	6	7	8	9	10
爱岗敬业										
办事公道										
热情服务										
奉献社会										
诚实守信										

3. 您认为本村的村规民约在乡村治理中发挥的作用有哪些？

○以道德教化规范村民的社会行为

○以传统家教文化形成家庭美德

○以日常生活伦理培育个人品德

○以扬善惩恶方式弘扬社会公德

4. 您是否去拜过菩萨？

○经常去

○偶尔去（遇到突发情况）

○从未去过

5. 您认为结婚或丧葬等红白事，该如何办？

○尽己所能，量力而行

○大操大办，面子重要

6. 您是否有过欠债不还的情况？

○有　○没有

7. 是否有人向您借财物一直未归还？

○有　○没有

8. 看到有人在破坏公共物品（如路灯、锻炼器材等），您会怎么做？

○马上上前阻止

○去找相关工作人员制止

○视而不见

○等别人去阻止

附件二

关于乡村振兴视角下“三治”融合乡村治理的访谈记录（摘录）

访谈记录1
一、基本信息 访谈时间：2021年7月4日　访谈方式：面对面　记录人：常莞仪 访谈地点：H村 访谈对象：村民 访谈主题：乡村“三治”状况
二、访谈内容 1. 问：您知道村里最近换届的具体信息吗？ 答：知道马上要换届，但是具体情况不清楚。我没有参与投票，村里就没有通知我们。 2. 问：村里什么样的人可以参与村换届选举投票呢？ 答：只有党员可以参加投票选举，村里党员多。 3. 问：您能具体介绍一下现在的村支书的具体情况吗？ 答：现在的村支书干了好多年，大概有五六年了。因为我一直在外面打工，最近才回来，对他不太了解。 4. 问：村里大事的处理会通知村民吗？ 答：村里的大事儿，会通知村民，一同来商量。 5. 问：村里有没有进行过一些法律知识的宣传？ 答：确实有法律宣传，但是不多，很少。 6. 问：关于扶贫方面，村里有没有进行落实？ 答：确确实实有扶贫，但是扶贫产业没有，只有扶贫户，每个月能够领一些资金。因为我是贫困户，我找书记问自主创业小额无息贷款可不可以办，书记说怎么不早找我办，2017年已经截止了，现在办不了了。 7. 问：村里有没有开展“星级文明户”“好媳妇”“好婆婆”等群众性精神文明创建活动？ 答：村里进行了文明户评选，分三个等级，“十星级”“九星级”“八星级”都有，估计是评估出来的，具体不太清楚。 8. 问：村里有没有邪教，如果有的话，有没有打击过邪教？ 答：没有打击过，邪教没有流传到我们村。 9. 问：村里有没有庙会、赶集之类的活动？ 答：没有庙会，我们也不赶集，我们一般去县城买东西，因为我们离县城比较近。 10. 问：关于丧葬方面呢？ 答：关于丧葬方面，就是自操自办，土葬、火葬都有。

访谈记录 2
一、基本信息 访谈时间：2021 年 7 月 4 日　访谈方式：面对面　记录人：高睿晗 访谈地点：H 村 访谈对象：村干部 访谈主题：乡村“三治”状况
二、访谈内容 1. 问：您能介绍一下最近村里的选举情况吗？ 答：本次的选举还没有进行。村里换届选举过去是三年一次，上一次是四年前。这是上面的文件所规定的，与县乡换届同步。 2. 问：选举的时候是村民进行投票吗？ 答：是的。选举要通过好几轮，一般 18 岁以上的村民都可以参与投票。先普选，锁定几个人，每个组都有票箱，有相关的保密小组。 3. 问：村民的选举权能够得到充分保证吗？ 答：肯定的。对于符合条件但没有来投票的，村里会专门通知他们。如果不在家里，也会打电话确认。 4. 问：咱们村有驻村书记吗？能介绍一下具体情况吗？ 答：有驻村书记。他们几乎每个星期都会下来，有的时候下来一次，有的时候经常下来。主要是指导我们平时的工作，比如在换届的时候监督一下，有没有违反换届的纪律。平时的工作没做好的话，督导一下。 5. 问：您能介绍一下村里普法情况吗？ 答：普法活动开展得挺多的。村里有宣传车，平时宣传法治。路边墙上都有图片，平时会以宣传为主。村民有违反的，我们再单独做工作。 6. 问：村里的集体产业是怎么管理的呢？ 答：我们成立了经济股份合作社，每个村民都有股份，然后应该在年终都有分红。 7. 问：村里有没有评上自治、法治等方面的示范村？ 答：先进村一个乡只评一个。在我任书记的时候评上了 2 次。法治方面……（吞吐了半天没说出来）法治示范村，没有这种。 8. 问：如果在外打工的村民遇到法律问题，向村里进行咨询时，村里会怎样处理？ 答：针对这种情况，村里成立了示范所，会给外出打工有需要的人提供法律援助。

9. 问：村里的星级文明户是怎么评选出来的？

答：一般是几十个比较有名望的人聚集在一起，以及全部的党员，再加上村委员成员和小组组长，这些人集合起来进行评估，划分十星、九星、八星的等级。

10. 问：这样的文明户有没有什么奖励呢？

答：只有一个奖状或证书，没有物质奖励。

11. 问：“好媳妇”“好婆婆”等评选过程和文明户是一样的吗？

答：差不多的，都是成立这样的一个专门的评估小组来进行评估，然后会给他们发奖状或证书。

12. 问：像这样类似的活动几年开展一次呢？

答：一般是一年开展一次。

13. 问：像村里办这种红白事儿大操大办的情况还有吗？

答：红白事在以前大操大办的多，现在成立了红白理事会，要求从简，村民一般都听从，没有违反的。

14. 问：村里有没有乡贤？

答：口头上讲一下。村里面开大会的时候，会选一下德高望重的那几个人。一般有名望的，一个村里也就那几个人。

15. 问：村里有没有扶贫产业什么的？

答：我们创办了一个奶牛厂。

16. 问：村里面贫困户会不会到这个奶牛场去工作？

答：有人在里面工作，有人是分季节性的工作。贫困户持有奶牛场的股份。

访谈记录3

一、基本信息

访谈时间：2021年7月4日　访谈方式：面对面　记录人：高睿晗

访谈地点：H村

访谈对象：村干部

访谈主题：乡村“三治”状况

二、访谈内容

1. 问：我们听说换届选举时有党员和村民代表，请问村民代表是怎么选出来的？

答：村民代表由村民选举的，党员代表由党员选举的，党员大会推举。候选人是经过几轮投票推选出来的。

2. 问：村里大事是如何决定的？

答：由党员和村民代表共同商量决定的。结果都有公示，在公示栏里公示七天。

3. 问：咱们村里有没有上面派来的督导？

答：有，每周都来。平时都来，一星期来一两次。

4. 问：出现法律纠纷村里会怎么解决，有专门的调解机构吗？

答：有，有调解员，村干部担任调解员，村里成立了调解委员会。

5. 问：村里外出打工的人遇到类似拖欠工资的情况，村里会怎么办？

答：村里暂时还没有碰到这种情况，还没有群众反映这种现象。

6. 问：村里有没有评“优秀家庭”之类的，是怎么评出来的？

答：有，还有“好媳妇”“好婆婆”之类的评选活动。都是通过小组干部、群众代表、党员开会推选出来的。先推举，再举手表决。

7. 问：星级文明户也是通过这样的方式评选出来的吗？

答：这是通过小组干部推举的。小组干部对自己湾的比较熟悉。他们推举，我们村两委再来具体研究。

8. 问：村里几年开展一次这样的活动？

答：这个活动不是年年搞，一届村支书会搞 1～2 次。

9. 问：星级文明户有没有什么物质奖励？

答：暂时还没有什么物质奖励，只有奖状，或者是在门口挂个牌子。

10. 问：村里有乡贤吗？

答：我们村有在外回村创业的人。

11. 问：听说村里有养殖场，它是村集体的还是个人的？

答：是私人投资的。由个人投资办厂，获利归个人所有。不是村里投钱，让村民都去上班，然后分红。

12. 问：村里的移风易俗做得怎么样，红白事是不是要求禁止大操大办？

答：是的，每次开会都非常强调，这种情况有所好转。

访谈记录 4

一、基本信息

访谈时间：2021 年 7 月 6 日　访谈方式：面对面　记录人：高睿晗

访谈地点：M 村村委会

访谈对象：村干部

访谈主题：乡村“三治”状况

二、访谈内容

1. 问：您能具体介绍一下今年村委会换届选举的安排吗？

答：近期是开动员会宣传，八九月份是县乡换届，村里的话大概是在十月十一月份，目前只是宣传换届选举“十严禁”。宣传结束后，上级政府将派人来对我们的选举进行指导和督导，并且敲定时间召开村民大会进行投票。

2. 问：换届选举中谁有投票的权利？

答：一般书记和支委是由党员投票，村委会是由全体村民投票。

3. 问：投票时是把村民召集起来还是直接网上投票？

答：召集到村里。现在年轻人大多外出打工，不好把控。因为要实名制投票，如果他不回来，就算弃权。

4. 问：咱们村有第一驻村书记吗？他们是多久来一次？

答：有驻村书记，一般是每天来。今天是上级要开会，所以没有过来。

5. 问：我们看到村口公示的工作计划是2019年末发布的2020年工作计划，现在2021年已经过半了，新的工作计划为啥还没有张贴出来？

答：因为太忙了，有疫情防控、乡村振兴、电子医保卡激活等一系列事情。

6. 问：村里有重大事件会召开村民大会吗？

答：会开会，由村民代表投票。

7. 问：村里面是否有一些集体产业，这些集体产业的收入如何分配？

答：我们村承包了茶厂，还有由政府投资40万元建立的光伏发电站，也是我们村的集体产业，年收入在27万元左右，但村里的实际财政收入只有5万元。现在精准扶贫要求我们把其余的全部发放给贫困户。

8. 问：村财政收入的5万元，主要用于哪些方面？

答：主要用于宣传和奖补资金。

9. 问：咱们村的贫困户目前的脱贫状况怎么样？

答：已经全部脱贫摘帽，没有返贫的情况。

10. 问：我看到咱们村里有退伍军人服务部，村里退伍军人多吗？

答：有二三十人，他们都是老兵，退伍的。

11. 问：对他们有一些特殊帮扶吗？

答：会根据当兵的年限提供补助，由当地民政部门直接把补助打到老兵的银行卡上。目前村里没有特殊支持，除非他们有特殊困难，我们会向上级申请救助。

12. 问：能具体介绍一下村里的普法宣传吗？

答：关于普法，村里先开小组长会，把政策讲给小组长，再由小组长落实宣传，也有直接发宣传册的。宣传车普法是上级政府的行为。小组长经常要在村里转，各乡里的巡逻队晚上都要转到每个地方，田埂也要转到。

13. 问：如果村民在土地承包方面发生纠纷，村里会如何解决这些问题？

答：我们有专门的调解主任。我们村村民关系比较融洽，一年也就调解一两次，没什么大问题。如果有问题就给我打电话，会马上进行调解。

14. 问：我们看到这里还挂着一幅锦旗（“为民着想，排忧解难”），可以问一下它的由来吗？

答：当时这个贫困户的爱人得了重病，我们进行专人专款帮扶他们，虽然这个村民最后还是去世了，但是在她生病期间我们给予了很多的关怀，所以最后他给我们村支部送了一幅锦旗。

15. 问：我们了解到其他村有“好媳妇”“好婆婆”“星级文明户”的评选，请问咱们村有类似的评选吗？

答：有。我们还开展了道德大讲堂活动，讲脱贫户的脱贫故事。一年大概开两次。“好婆婆”“好媳妇”的照片也张贴在村支部外边的宣传栏上。

16. 问：他们是如何评选出来的？

答：由村民代表和党员投票。

17. 问：咱们村在文化方面有哪些活动？

答：原来有黄梅戏，还有百姓大舞台，今年因为疫情都没有开展。

18. 问：我们村在移风易俗方面，例如破除封建迷信、红白事提倡从简等做得怎么样？

答：我们提倡节约，少浪费，当我们得知家里有老人去世时，会上门前去提醒不准大操大办。

19. 问：我们村里有没有开展无神论的宣传教育活动？

答：有，我们开党员会的时候，明确提出党员不能信教，对于邪教一直持打击态度。

20. 问：我们村是否制订了村规民约？遵守情况如何？

答：有制订，村规民约订不订都一样，村民们都很遵守。

21. 问：咱们这边有网格化管理吗？

答：有，我们村就是一个“网格”，村子的规模和居民区不能比，而且我们比较贫困。

22. 如果村里出现资金缺口怎么办？

答：我们村级财政只有 5 万块钱，出现这种情况，一般向上级汇报说明情况，请求拨款。

29. 我们村里有没有乡贤？

答：有。有事会去找他们，但没有进行宣传。

访谈记录 5

一、基本信息

访谈时间：2021 年 7 月 6 日　访谈方式：面对面　记录人：高睿晗

访谈地点：M 村

访谈对象：星级文明户

访谈主题：乡村“三治”状况

二、访谈内容

1. 问：您了解村委会即将换届选举的情况吗？

答：我不知道这些事，也没有参与过村委会的换届投票。没有听到过换届的宣传，前几年换届的时候也没有听说过。

2. 问：十星级文明户有没有什么物质奖励？

答：没有，就门上挂个牌子。

3. 问：村里有什么集体活动吗？村委会在有大事时有没有把大家召集到一起？

答：有。例如老公在外地打工的，把这些人召集到一起，发些被子毯子之类的东西。只有在武汉打工的有，在别的地方打工的没有（可能是特定政策）。

4. 问：村里有没有什么文化活动，有没有组织过集体看电影之类的活动？

答：有看电影的活动，一年一两次。是放电影的人自己来的，免费看。

5. 问：您平时在村里有什么休闲方式，跳个舞什么的吗？

答：有。在文化广场上跳广场舞，每天都跳。

6. 问：村里有低保户吗？是怎么评出来的？

答：低保户有，具体情况不清楚，是真是假我不管那些事。

7. 问：咱们村有没有进行过法律宣传，有没有宣传车来转？

答：没有，不太了解。

8. 问：您觉得村支书干得怎么样？

答：村支书干得挺好的，经常来村里转。我们有大事小事都找他，他能帮我们解决问题。

9. 问：村里有人信教吗？

答：拜菩萨那些事都有。

10. 问：贫困户的房子是国家帮助翻修的吗？

答：村里也管一些，有些是自己翻修的。

11. 问：你们的医保都弄上了吗？

答：村支书已经帮我们都弄上了，到医院看病，只要刷医保卡都能给我们报销。

12. 问：大家平时闲余时间都做些什么呢？

答：打牌的打牌，斗地主的斗地主，闲聊的闲聊，随便自己安排。

访谈记录6

一、基本信息

访谈时间：2021年7月6日　访谈方式：面对面　记录人：高睿晗

访谈地点：M村

访谈对象：小组长

访谈主题：乡村“三治”状况

二、访谈内容

1. 问：村里最近是不是正在进行换届选举？

答：是要换届，还没换届，快了吧。还没通知我去投票，前几年都参加了投票。

2. 问：投票是怎样一个流程？

答：由村民投票选出群众代表，群众代表和党员一起开村民会议，进行村委会换届选举。

3. 问：为什么选代表去投票呢？年满 18 周岁的村民不都有投票权吗？

答：现在很多年轻人都外出打工了，不好召集起来。

4. 问：咱们村重大事项是由谁决定的呢？是村委会讨论决定还是村主任决定或是党支部决定？

答：党支部决定的。村里面组织让我们党员都去，开村民代表大会。每次开这种大会都会去。

5. 问：村里有没有驻村的书记？他们平时都负责什么工作呢？

答：有。驻村干部、第一书记都有，他们都是住在村委会。主要工作是收集资料，解决邻里纠纷，同时写日志。

6. 问：现在没有召集过村民大会吗？召开的次数多吗？

答：有的。开的次数多。党员会议是月月开，会上讨论一些村民的事情，然后再传达下去。现在村民大多去外面打工了，参加村民大会的人没有以前那么多。现在主要是党员和部分代表去开会。

7. 问：这些代表是怎样选出来的？

答：这些代表都是村民选出来的。村里面会选出来一些乡代表。过去我也当过乡代表，是非党员代表，也到乡镇去开了几年会，这是一二十年前的事情。

8. 问：听说咱们村村支书从 2008 年就上任了，时间还挺长的，大家对他都比较满意吗？

答：是的，已经干了很多年了，连任了两届，都是选举选上的，大家对他也比较满意。

9. 问：小组长是如何产生的？在村里具体做什么事？

答：都是由村民推举出来的。主要是上传下达。我们没有工资，没有人发钱，都是义务劳动。

10. 问：您认为村委会办事公开透明吗？比如财务公开方面。

答：还可以。村里没有什么产业，只有党、国家发放给五保户、贫困户的资金，都是直接打到他们卡上，不经过村委会，不过村委会的账。村里财政没钱，我给村里盖的那个亭子，到现在都还没给我钱，我这也不算做公益，我自己也要养家糊口。

11. 问：目前村干部情况怎么样？

答：我们村和别的村不太一样，别的村都抢着去当村干部，但我们村的村干部不愿意干。现在这个书记已经干了好多年了，就是没有人愿意接替他。村里想让我儿媳当村支书，但是我儿媳不愿意，现在去了广州打工，村支书工资太低，一年就三万块钱，根本不够养家糊口。即便有人想当，如果品德不好，也不能让他当（村支书）。

12. 问：如果您发现村里面的一些问题却不向上反映，主要原因是什么呢？

答：不存在这种情况，现在是法治社会，有事情就向上反映。

13. 问：咱们村有没有文化活动，比如放个电影什么的。

答：有的，年年都放。村里面组织免费看。

14. 问：咱们村有文化广场吗？

答：在我们这里有一个广场，晚上会有人跳广场舞。

15. 问：我看咱们村的环境搞得很好，村委会要求把村里面的道路清理干净吗？

答：我们专门请的环卫工人在负责。也有志愿者免费做的，比如春节时，像我儿子一样的那些大学生，会主动地帮忙搞卫生。

16. 问：我看您家外面有十星级文明户的牌子，这个是怎么选出来的呢？有什么评选标准吗？

答：是代表投票的，肯定有标准的，没有标准怎么评选出来。

17. 问：村里信教的人多吗？村里有没有开展破除封建迷信的活动，或者有没有开展无神论教育活动？还有没有信邪教的人？

答：我们这里基本没有那种迷信，没有信教那种东西的。我们村是重点村，上面政府的检查都是到我们村来。

18. 问：听说村里有道德大讲堂活动，您参与过吗？村里的道德大讲堂活动开展的次数多吗？是村民们自愿去吗？

答：有啊，在村委会二楼。一般是村民代表、党员代表和组长去开会。我这几年在家里带孙子，去得少了。

19. 问：村里有村规民约吗？是怎么制订出来的？

答：有村规民约。主要是把村里已经形成的规定用书面表达出来，并且张贴出来，是约定俗成的东西。

20. 问：咱们村红白事儿原先是不是有过大操大办的情况？

答：现在都不敢这么办了，比原来简单多了。这两年要求严了，而且现在人都不在家，也没法大操大办。

21. 问：如果出现邻里纠纷的话，一般会怎么解决呢？

答：邻里纠纷比较少，现在人素质也比较高。有了纠纷，一般都是先来找组长，组长解决不了，再去找村支书或村主任。村委会也解决不了就向乡政府反映。

22. 问：村民遇到法律问题会怎么办？有没有法律援助？

答：会去找律师打官司，但是农村一般没有这种情况，能调解解决的，一般都是村委会或者乡政府调解解决了。关于法律援助，有派出所的那个调解主任。其他就不清楚了。

23. 问：村里有没有普法宣传？

答：有。村里会经常开普法教育会，但是很多人都外出打工了，有时候召集不起来。上级部门有时候会用大喇叭宣传，有时候也打印宣传单发给村民。

第四篇 新时代农村基层党组织思想引领现状及优化研究

——基于湖北省Y县16个村的调查

治国安邦，重在基层；管党治党，重在基础。农村基层党组织作为党在农村的坚强战斗堡垒，是党在农村全部工作的基础，是党联系广大农民群众的桥梁和纽带，不仅要在农村执行党的路线、方针和政策，而且要面向广大农民群众宣传习近平新时代中国特色社会主义思想，培育和践行社会主义核心价值观，实现对农民群众的思想引领，为全面乡村振兴提供思想保证。当下的中国农村，社会结构剧烈变动，利益格局深刻调整，社会思潮多元多变，农村思想复杂多样，为党在农村开展思想引领、凝心聚力提出了更高要求和更多挑战。加强农村基层党组织思想引领是提升党在基层政治引领能力和组织治理能力的必由之路，是实现乡村振兴目标任务的必然要求。

一、加强农村基层党组织思想引领的重要意义

基于新时期宏观时代背景、中观政策要求与微观具体实践，农村基层党组织思想引领工作的开展对于乡村振兴战略实施具有重大作用，了解当前农村基层党组织思想引领状况具有很强的现实意义。

（一）宏观时代背景

民族要复兴，乡村必振兴。回顾我国脱贫攻坚的奋斗历程，农村基层党组织作为脱贫攻坚的主力军，为我国如期实现新时代脱贫攻坚目标任务贡献了方向指导与中坚力量。站在新时代的起点，如何实现巩固拓展脱贫攻坚成果同乡村振兴的有效衔接成为现阶段我国农村发展的重要命题。实现乡村振兴，要求以农业农村现代化为总目标，秉持农业农村优先发展的总方针及产业兴旺、生态宜居、乡风文明、治理有效、生活富裕的总要求，巩固落实好乡村振兴制度框架和政策体系的“四梁八柱”，以层层落

实的魄力不断增强乡村振兴的要素保障。

要实现乡村振兴，必须明白何为乡村振兴、为何乡村振兴、如何乡村振兴。党的十八大以来，习近平总书记站在党和国家事业全局的高度，就实施乡村振兴战略作出一系列重要论述，系统回答了当前乡村振兴工作开展的重大理论和实践问题，深刻阐述了实施乡村振兴战略的内涵要义、原则要求和目标任务，为新时代做好乡村振兴工作指明了方向。坚持党建引领乡村治理，把基层党组织建设成为宣传党的主张、贯彻党的决定、领导基层治理、团结动员群众、推动改革发展的坚强战斗堡垒，是党的十九大和二十大提出的重大任务。帮助群众理解乡村振兴、树立乡村振兴目标、指引乡村振兴方向，需要发挥基层党组织的思想引领作用，积极发挥“穿针引线”精神，做好群众的连心桥、指明灯。

（二）中观政策要求

党的力量来自组织，党的全面领导、全部工作要靠党的坚强组织体系去实现。基层治理千头万绪，面对最广人的群众、最复杂的矛盾、最具体的问题，将党组织建设好、建设强，是实现党建引领基层治理的基础和前提。党的十九大报告强调，思想建设是党的基础性建设，增强思想引领力是新时代党的建设新的伟大工程的重要内容。把坚定理想信念作为党的思想建设的首要任务，教育引导广大农民群体尤其是党员干部牢记党的宗旨，解决好世界观、人生观、价值观这个“总开关”问题，保障思想及行动不移本位、不失本色，是全面提升基层党组织思想引领能力的重要方针，对巩固党长期执政的组织基础具有重大现实意义。

（三）微观具体实践

乡村振兴的伟大进程经过初期摸索，顶层设计不断加强，但基层老百姓对乡村振兴存在的困惑及迷茫现象仍未打破，成为乡村振兴纵深发展的重大瓶颈。近年来，党中央、国务院相继出台《关于实施乡村振兴战略的意见》《乡村振兴战略规划（2018—2022 年）》《中国共产党农村工作条例》等文件，为我国搭建乡村振兴制度框架和政策体系提供了理论基础和政策支持。“三农”领域重点任务也取得明显成效：脱贫攻坚取得全面胜利，农村绝对贫困问题得到历史性解决；农业现代化水平迈上新台阶，农村科技进步贡献率超过 60%，机械化率高达 71%；农村人居环境整治三年行动较好完成，农村居民人均可支配收入达 17131 元，农村基本公共服务水平进一步提升。实施乡村振兴战略取得的重要成效惠及万家。随着社会的深刻变革，社会矛盾的新变化也为乡村振兴的进一步实施造成了阻碍。农村基础设施相对滞后，资源要素短缺，产业融合不高，而基层党组织存在的弱化、虚化、边缘化等问题更严重制约农村党建引领能力及组织能力的发挥。要促进乡村振兴，就要求基层党组织具备扎实的思想引领能力，为工作开展提供方向指导与思想遵循，从而做到工作不留空当、政策不留空白。

二、农村基层党组织思想引领的实证调研

项目组充分利用我院教学实践基地的便捷优势，选取湖北省 H 市 Y 县 H 镇为调研实践点，运用问卷调查与入户访谈等方法，以期从微观上把握村民思想状况、基层党组织思想建设情况和基层党组织思想引领现状。

（一）调研对象的基本情况

1. 调研地点的具体情况

Y 县位于湖北省 H 市，地属大别山南麓，全县版图面积 1449 平方千米，辖 3 乡 8 镇，309 个行政村，共有 924 个基层党组织，23200 名党员。根据第七次人口普查数据，截至 2020 年 11 月 1 日零时，Y 县常住人口 310180 人。H 镇隶属于 Y 县，位于湖北省东北部，地处鄂豫皖三省交界的大别山，辖区面积为 69.8 平方千米，现有 20 个行政村，6510 户村民，常住人口 23274 人，下辖 Y、P、B、S、YZ、Z、W、PP、H、L 等 20 个村委会。

Y 县高度重视基层党组织建设，扎实推进基层党建工作，致力于建成服务型党组织，满足党员干部群众需求的实际需要，党建工作业绩突出，涌现出包括荣获“全国创先争优先进基层党组织”的 H 镇 W 村党支部等诸多先进典型。为加强人才培养质量、服务地方发展，中国地质大学（武汉）马克思主义学院在 Y 县 H 镇设立基础设施建设较为完善的教学实践基地，这也为本项目的开展提供了条件支撑。

2. 调研过程的概况描述

本次实地调研通过问卷调查、一对一入户访谈等形式，对 Y 县 H 镇部分农村基层党组织思想引领开展情况进行调查。项目组随机抽取 W 村、H 村、J 村、X 村、Y 村、S 村等六个行政村进行一对一入户调研，面向 16 个村发放调查问卷，根据问卷回收与访谈记录概述各村基本情况，重点关注基层党组织状况与村民思想状况，进行深入分析。

(1)问卷信效度情况。通过SPSS软件分析，问卷的标准化Cronbach α系数为0.890，高于标准值0.8，说明总体数据信度质量高，可用于进一步分析。使用KMO和Bartlett检验进行效度验证，KMO值为0.828，大于标准值0.8，研究数据效度非常好。

(2)受访者整体情况。团队以基层干部和普通村民为调研对象，依据对象特性分别发放干部问卷及村民问卷，共发放干部问卷30份，回收有效问卷27份，村民问卷111份，回收有效问卷111份。调研期间开展座谈会5场，深入访谈10余人，结合实地考察，对当地基层党组织思想引领工作开展的整体情况有了较深入的认识。

回收问卷基本信息的详细情况：男性占比56.8%，女性占比43.2%；党员占比50.9%，群众占比45.5%，其他（共青团员、民主党派等）占比3.6%；劳动或工作人群占比77.7%，无业或失业人群占3.6%，离退休人群占9.8%，被人照看（生病、残障等）人群占6.3%，其他占比2.6%。整体基本符合调研要求。

(3)H镇党组织基本情况。全镇现有党组织30个，党员892名，其中村级党组织20个，党员人数835人，30岁以下党员78人，30~60岁党员483人，60岁以上的党员331人，流动党员255人。党员中在职干部83人，男女比例约为5∶1，平均年龄为53岁，学历为大学及以上的135人。党员平均受教育年限为9年。具体情况见表4-1。

表4-1 H镇党组织概况

项目	单位	数据
H镇党组织党员总体情况		
1. 党员总人数	人	892
其中：农村党员总数	人	835
村干部人数	人	68
30岁以下党员数量	人	78
30~60岁党员数量	人	483
60岁以上党员数量	人	331
2. 党员中在职干部人数	人	83
3. 流动党员人数	人	255
其中：流入党员人数	人	34
流出党员人数	人	221

续 表

项目	单位	数据
村级党支部概况		
1. 书记和支委平均年龄　书记 52 岁；支委 47 岁		
2. 支部党员的平均受教育年限	年	9
其中：小学文化人数	人	115
初中文化人数	人	377
高中文化人数	人	220
大学及以上文化人数	人	135
3. 村支书与村主任是否为“一肩挑”	是	
4. 村组是否建立党小组	是，55 个	
村组党小组平均会议次数	次/年	12

H 镇村级党支部一般由村支部书记 1 人、支部委员 3 人（分任村副主任、村治保主任、村妇女主任）共 4 人组成。村支部书记与村主任基本实现“一肩挑”，负责全村工作、基层人员选用等，村副主任主要负责协助村支书管理村内工作事务，村治保主任负责全村安全协调等工作，村妇女主任负责村内会计及帮助老人、妇女、小孩等工作。领导班子认真执行民主集中制，坚持集体领导与分工负责相结合。

（4）调研各村具体情况。H 镇包括 20 个行政村，常住乡村人口约 2.3 万人，气候条件良好，自然风景优美，适宜发展农产品种植业与旅游业，有“湖北十大茶叶名镇”“都市后花园”的称号。

本次问卷覆盖村人口情况如表 4-2（前面有 * 的村为实地走访点）：

表 4-2　问卷覆盖村人口情况

行政村	常住人口（人）	党员人数（人）	党员占比（%）
*W 村	1038	40	3.85
*H 村	1268	49	3.86
*J 村	920	40	4.34
*X 村	1068	37	3.46
*Y 村	986	43	4.36
*S 村	2300	86	3.74
HK 村	1286	43	3.34

续 表

行政村	常住人口（人）	党员人数（人）	党员占比（%）
JP村	913	43	4.71
HD村	1485	38	2.56
L村	910	30	3.30
YF村	1252	40	3.19
PZ村	940	42	4.47
Z村	1068	68	6.37
HS村	429	26	6.06
G村	936	45	4.80
DT村	1350	59	4.37
总计	9283	391	4.2

从16个村的统计数据来看，各村党员占比基本在4.2%上下浮动，除个别村外，占比区间大概在3.5%～4.5%，整体看比例相对稳定，各村每年发展新党员1～2人。Y县各村基层党组织初步实行党员分类管理，包括在职党员、无职党员、流动党员和年老体弱党员四类，每月进行各项行为分数计算，综合考评。

年龄结构上，各村普遍老人居多，文化程度较低，多数高龄老人不识字，年轻人多外出打工或读书，青壮年劳动力少；党员群体年龄集中在30～60岁，各村有一两个“光荣在党五十年”的老党员，基层干部、领导班子呈现年轻化趋势，但目前仍以中、老年为主。

根据实地走访情况，从经济角度可大致将我们实地走访的6村划分为三类：一是基础设施完善，产业发展成熟，经济实力雄厚的村（W村）；二是基础设施较好，产业发展已起步，经济实力较强的村（H村、J村、S村）；三是基础设施一般，产业发展较晚或缺乏本地产业，经济实力较弱的村（X村、Y村）。

（二）新时代农村基层党组织思想引领现状

1. 村民整体政治思想状况

乡村振兴不是坐享其成，等不来也送不来，要靠广大农民奋斗。处理好农民的思想问题，提高农民的思想素质，在“富口袋”的同时“富脑袋”，是全面实现乡村振兴的前提条件。

（1）宏观认知认同：正方向、定立场。宏观层面即对党的执政、社会主义道路、中国特色社会主义制度等的认知认同，是对农民群众认清发展方向、坚定政治立场的基础性调查。调查从坚持党的执政、道路自信、理论自信、制度自信、文化自信等五个方面进行，数据显示，绝大多数人对问卷设置的五项内容表现出高度认同，“非常认同”及“比较认同”的选择总和基本达到100%。其中，对于坚持党的执政选择“非常认同”的人数达到96.4%，反映出H镇各村村民宏观认知认同情况良好，在大方向上认识明确、立场坚定（表4-3）。

表4-3 村民思想状况——宏观认知认同

	非常认同	比较认同	一般认同
对党的执政的认同情况	96.40%	3.60%	0%
对道路自信的认同情况	87.39%	12.61%	0%
对文化自信的认同情况	86.49%	12.61%	0.90%
对制度自信的认同情况	89.19%	10.81%	0%
对理论自信的认同情况	85.59%	14.41%	0%

（2）中观认知认同：识内容、懂方法。中观层面即对党的大政方针、政策战略的认知认同，是对农民群众了解政策内容、明白治理方法的深入性调查。问卷从习近平新时代中国特色社会主义思想、乡村振兴战略、社会主义核心价值观等方面入手，分别考察各项认知认同情况（表4-4）。

根据对习近平新时代中国特色社会主义思想了解程度的自评情况，41.44%的受访者表示对习近平新时代中国特色社会主义思想非常了解，占比较高且突出，表明该镇村民整体上对习近平新时代中国特色社会主义思想了解程度较高，对相关问题的关注度较高。

根据对乡村振兴战略相关问题的考察，78.38%的受访者表示完全认同“将乡村振兴战略作为新时代中国特色社会主义发展战略安排”，81.98%的受访者表示“对农村在党的领导下实现巩固拓展脱贫攻坚成果同乡村振兴有效衔接”很有信心，90.99%的受访者完全认同“党将解决好‘三农’问题作为全党工作重中之重”。以上数据反映农民高度认同乡村振兴战略安排，拥护各项惠农政策，对相关政策的认知认同情况良好。

根据对社会主义核心价值观的认知与践行情况的调查，知晓社会主义核心价值观内容的人数达87.39%，其中大部分能够明确指出其展开的三个层次，并且肯定了社会主义核心价值观对其工作、生活的指导作用。从践行情况评定来看，在“爱国”“敬业”“诚信”“友善”四项践行自评为“优秀”的占比最大，选择人数均在90%左右，反映出当地村民将社会主义核心价值观内化于心、外化于行的情况良好（表4-5）。

表4-4 村民思想状况——中观认知认同

	非常认同	比较认同	一般	较少认同	非常不认同
了解习近平新时代中国特色社会主义思想	41.44%	16.22%	17.12%	21.62%	3.6%
认同将乡村振兴战略作为新时代中国特色社会主义发展战略安排	78.38%	21.62%	0	0	0
对农村在党的领导下实现巩固拓展脱贫攻坚成果同乡村振兴有效衔接有信心	81.98%	10.02%	6.10%	1.90%	0
认同党将解决好“三农”问题作为全党工作重中之重	90.99%	5.61%	3.4%	0	0
知晓社会主义核心价值观的具体内容	87.39%	11.12%	1.49%	0	0
社会主义核心价值观对工作、学习和生活有指导作用	90.82%	6.33%	1.06%	1.29%	0.5%

表4-5 村民对社会主义核心价值观践行自评表

		优秀	良好	一般	较差	差
您在工作、学习、生活中对社会主义核心价值观的践行	爱国	90.30%	5.50%	4.20%	0	0
	敬业	87.22%	10.32%	2.46%	0	0
	诚信	92.54%	6.46%	1.00%	0	0
	友善	89.45%	8.25%	2.3%	0	0

（3）微观认知认同：明事理、高配合。微观主要为对具体条例、措施的认知认同，是对群众了解具体措施并配合工作开展的具体性调查。围绕村里近期开展的主要工作，调查村民对抗洪工作、乡村振兴相关工作、环境美化工作的了解情况与配合意愿。

调查显示，受访村民对抗洪工作的知晓率达到100%，对乡村振兴及环境美化工作知晓率也超过80%。根据对不同工作的配合意愿调查，村民对各项工作的配合度都较高，选择“非常愿意”选项占比均超过75%，其中，对环境美化工作的配合意愿最强。具体见表4-6、表4-7。

表4-6 对不同工作的了解情况

	抗洪工作	乡村振兴相关工作	环境美化工作
是	100%	83.78%	82.88%
否	0	16.22%	17.12%

表4-7 对不同工作的配合意愿情况

	非常愿意	愿意	一般	比较不愿意	不愿意
抗洪工作	78.38%	20.72%	0.90%	0	0
乡村振兴相关工作	87.39%	7.21%	5.40%	0	0
环境美化工作	87.39%	12.61%	0	0	0

2. 基层党组织思想建设概况

思想建设是党的基础性建设。共产主义远大理想和中国特色社会主义共同理想，是中国共产党人的精神支柱和政治灵魂，也是保持党的团结统一的思想基础，必须全面推进思想建设，在坚持中深化、在深化中发展。

（1）开展形式。H镇各村基层党组织思想建设开展可以分为3类：①理论学习类，具体包括主题党日、党员大会、党小组交流讨论会、党员读书班、理论学习讲座、新老党员座谈会等，党组织固定动作严格按照规范条例进行，党员大会固定“5＋X”学习模式；②实践学习类，如游览参观红色景点或纪念馆、根据实际需要不定期展开日常志愿活动；③考察汇报类，包括微信学习群签到打卡、考核学习积分、考察学习心得笔记、提交思想汇报等，要求流动党员每次回村向村支书汇报近期思想情况，一年至少提交一份手写思想汇报。

（2）建设内容。学习内容主要包括3类：①理论学习类，以提高党员理论水平为目标，根据文件要求与实际情况安排学习内容，依靠材料辅助与理论宣讲进行专题学习，内容包括习近平新时代中国特色社会主义思想以及党的十九大、二十大和历次全会精神等；②工作安排类，以提升党员工作能力为目标，主要根据村中工作要求开展，会上汇报近期党组织工作情况并进行总结讨论，结合乡村振兴战略及与农村基层党组织工作联系紧密的政策文件进行下一阶段工作布置；③素养提升类，以提高党员思想觉悟为目标，组织参加各类志愿服务活动，督促党员在实践中贯彻全心全意为人民服务的宗旨，将为村民服务落到实处的同时锤炼党员品性修养，发挥好党员模范带头作用，增强党员身份意识、责任意识、纪律意识。

（3）整体评价。从党员思想理论水平角度看，各村党支部思想建设效果良好，村民对村中党员评价普遍较高。但也有村民反映，少部分党员身份意识不强，思想觉悟不够，一定程度上影响了村民对村支部的整体印象。从思想建设形式和内容上看，开展情况良好，各项活动参与率均在80%～90%。党员对活动开展质量评价较高，也有部分党员反映活动开展过程中存在问题，认为村内大会、小会太多，尤其是在农忙季节耽误正常农业生产工作的开展。

3. *基层党组织思想引领情况*

要把农民团结起来，思想引领、凝聚共识必不可少。全面乡村振兴必须牢牢占据舆论引导、思想引领的传播制高点，发挥好基层党组织在思想上的导向作用、旗帜作用、引领作用。

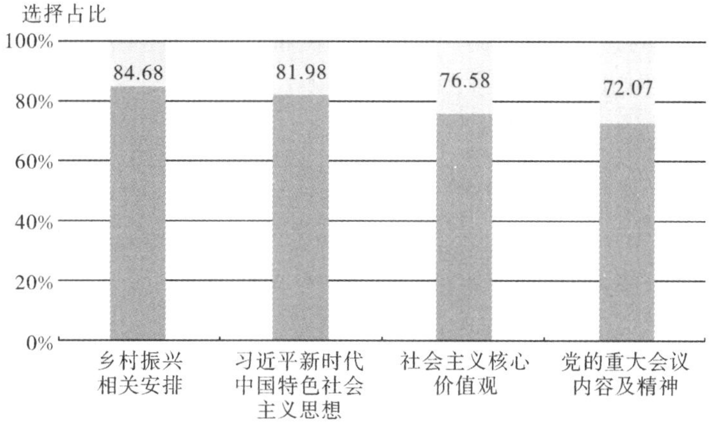

图 4-1 思想引领主要内容选项统计

（1）开展情况：配套设施基本齐全，内容覆盖较为全面。调查显示，70%以上的村民认为当地基层党组织开展了思想引领工作，内容包括乡村振兴相关安排、习近平新时代中国特色社会主义思想、社会主义核心价值观、党的重大会议内容及精神（图4-1），以帮扶政策解读、生活困难解答、工作方面指导等，其中生活困难解答及帮扶政策解读响应率和普及率明显较高。开展形式属于镇委规划、各村落实，主要包括：党员分管、落实到户；道德讲堂、表彰模范；创业讲座、促农增收；村民积分、定期评比。具体见表4-8。

表 4-8　开展形式——响应率和普及率汇总

开展形式	响应		普及率（n=111）
	n	响应率	
村民积分、定期评比	99	32.67%	89.19%
道德讲堂、表彰模范	79	26.07%	71.17%
创业讲座、促农增收	54	17.83%	48.65%
党员分管、落实到户	71	23.43%	63.96%
汇总	303	100%	272.97%

（2）村民评价：整体评价中等偏上，仍有部分亟待完善。村民对当地基层党组织思想引领工作的评价整体良好，认为“非常有成效”与“比较有成效”的分别占 20.72%、33.33%，偏低评价较少。调查显示，贴近生活、紧扣时事、村民关心的宣传教育活动更能吸引村民参与其中。在调研村民对未来的期望时，“增加乡村振兴政策解读”以及“加强基层党组织干部建设”的选择占比最高，反映了村民希望工作开展贴合实际、干部发挥模范带头作用的现实诉求。具体见图 4-2。

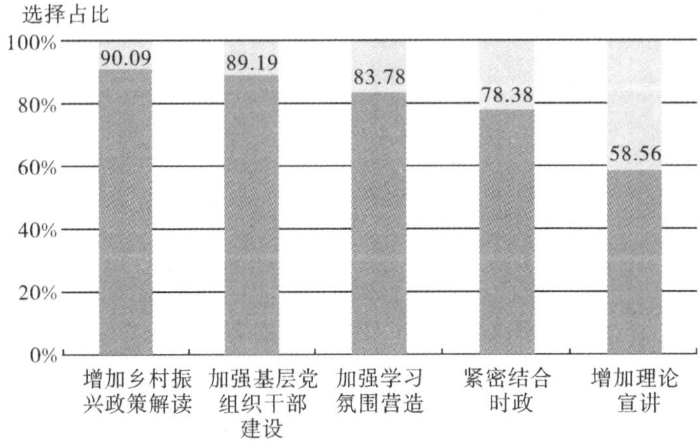

图 4-2　思想引领改进方向选项统计

根据村民的思想引领活动参与情况设置的跳转题显示，参与度高的村民主要受宣讲内容影响，贴近生活、紧扣时事、村民关心的宣传教育活动更能吸引村民参与其中。数据显示，选择“内容紧扣时事”的人数最多，占比达 76.12%，“宣讲员理论素养”选择人数最少，占比 46.27%，可能性较大的原因是思想引领宣讲形式开展少，村民参与不多。具体见图 4-3。

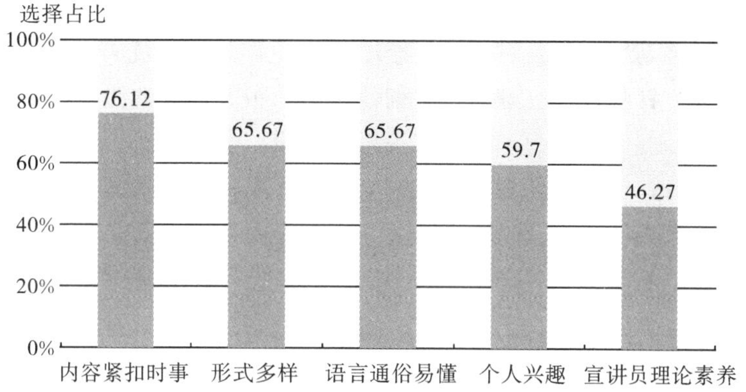

图 4-3 思想引领活动参与吸引因素选项统计

（3）效果检验：村民知晓率较高，开展配合情况良好。调研发现，村民对党支部抗洪工作、乡村振兴相关工作、环境美化工作的知晓率较高，配合意愿强烈，并认为这些工作与自己的生活联系比较紧密，具体见表 4-9。基层干部表示，工作开展过程中得到了村民的积极配合，也会存在群众不配合、有异议的情况，但大多可以通过进一步的思想工作解决，极小部分难以做通的暂时搁置，面对涉及人身安全的重大问题时会强制执行。

表 4-9 不同工作与生活联系程度判断选项统计

	联系紧密	联系较强	一般	联系较弱	没有联系
抗洪工作	65.77%	12.61%	14.41%	7.21%	0
乡村振兴相关工作	68.47%	13.51%	14.41%	3.60%	0
环境美化工作	58.56%	15.32%	20.72%	5.41%	0

（4）对比评价：开展与否对比显著，村民评价凸显问题。以“是否开展思想引领”为变量同问卷设置的四个维度分别进行交叉分析，可以发现是否开展思想引领在维度一、维度三、维度四中存在显著差异，表明开展思想引领工作对村民基本思想状况、认知认同状况有显著作用，具体表现在开展思想引领能够显著提升村民思想水平、促进基层党组织工作开展。大部分村民明确知晓本村开展了思想引领工作，并表示相较以往有较大改善。但也有部分村民表示，自己所在村基层党组织未开展有效思想引领。

4. H 镇农村基层党组织思想引领先进经验

党在农村的全面领导、全部工作要靠党的坚强组织体系实现。村级支部应履行好组织群众、宣传群众、凝聚群众、服务群众的职责，引导广大党员发挥先锋模范作用，在实践中更新知识观念、掌握过硬本领、擦亮精神底色，更好适应新形势新任务的需要。

(1) 加强基层党建，发挥带头作用。H镇作为党建优秀示范区，在确保党的路线方针政策和决策部署贯彻落实、积极开展思想引领工作等方面积累了工作经验。一方面，高度重视思想建设，采取多种形式进行理论学习与实践教育，针对流动党员与在村党员设置不同教育方式，同时对学习成果、教育效果等进行及时考察，关注支部党员思想动态，保障党的基层组织不变质、不变味、不变色。另一方面，坚持用行动说话，服务人民在平时，基层工作要踏实，面对疫情、洪涝灾害，党员永远冲在一线，在实践中练就过硬本领，做好示范带头人。

(2) 工作层层推进，责任落实到人。H镇农村基层党组织采取的宣传教育与通知联系方式主要依靠各个代表层层推进，将具体责任落实到人。在对党员进行管理及任务布置时，各村按照试点要求开展党员分类，并进一步发展出具有当地特色的开展形式。一方面，充分把握示范区试点优势，采取党员分类管理，共分为在职党员、无职党员、流动党员和年老体弱党员四类，进行不同工作分配，采取月评议、季比晒、年定级的量化考评方式，制订一套完整全面的评分标准，评分结果在宣传栏公示，接受群众监督检查。另一方面，根据群众需要细化调整工作，组织党员围绕村民实际需要与生活诉求，涵盖方方面面划分工作小队，结合村内实际工作和党员自身特性进行队伍划分。

(3) 乡风文明建设，环境氛围营造。H镇各村级党支部高度重视乡风文明建设，积极推进移风易俗、建设文明乡风，以社会主义核心价值观为引领，加强农村思想道德建设。一方面，推进思想引领形式多样化，保证内容常新，采取普及度高的宣传栏公示、广播播报、党员到户、技术讲座、村民代表大会等形式，及时根据上传下达的实际需要进行内容调整。另一方面，采取荣誉表彰激励办法，促进村集体共同进步，通过道德讲堂、文明户评选等良性激励措施，使村民主动向高要求、高标杆靠拢，自觉约束自身言行，以社会主义核心价值观为指导，规范日常行为，最终实现村民整体思想道德素质的提高。

三、新时代农村基层党组织思想引领困境

当下中国农村，社会结构剧烈变动，利益格局深刻调整，社会思潮多

元多变，农村思想复杂多样，农村基层党组织的思想引领作用既受到空前重视也面临严峻挑战，面临着内容形式偏向传统、建设资金不足、监督考评缺位等行动困境，制约着农村基层党组织思想引领的广度、深度、效度，无法最大程度发挥基层党组织领导作用。

（一）教育形式偏向传统，教育内容缺少针对性

调研发现，村民参与度低的制约因素中，教育形式单一、教育内容枯燥分别占比 34.09%、27.27%。总体来看，农村基层党组织思想引领开展在教育形式和教育内容上存在着偏向传统，未能很好适应时代需要的问题。目前具体形式主要沿用传统途径，缺少信息化时代特点，未能利用好互联网传递的便捷高效。内容上，对时代特点把握不足，新形势、新方法未得到凸显。基层党组织如何围绕习近平新时代中国特色社会主义思想开展思想引领工作，把握内容的准确性、时代性，拓展宽度、挖掘深度是目前面临的重要问题。

交叉分析显示，各村物质基础与其思想引领成效呈现显著相关性，表现在基层党组织工作、乡风文明文化建设、基础设施发展条件三个方面（表 4-10）。根据实地走访发现，不同发展阶段的乡村对于思想引领内容的需求也存在差异，但在具体工作中尚未得到有效满足。

表 4-10 “经济条件”与问卷四维交叉分析

	所在村物质基础（平均值±标准差）			F	p
	1.0	2.0	3.0		
SUM _ B	6.11±1.26	5.02±0.14	5.91±1.68	10.843	0.000 * *
SUM _ D	11.11±2.70	9.24±1.73	10.79±2.29	8.495	0.000 * *
SUM _ C	15.75±3.96	12.90±3.47	16.67±3.59	12.121	0.000 * *
SUM _ Q	10.68±3.80	7.86±3.31	7.36±1.78	10.263	0.000 * *

注①：* $p<0.05$，* * $p<0.01$。

注②：SUM _ B，SUM _ D，SUM _ C，SUM _ Q 分别对应问卷四个维度。从上表可知，利用单因素方差分析研究得到结果，不同村物质基础样本对于 SUM _ B，SUM _ D，SUM _ C，SUM _ Q 全部呈现出显著性（$p<0.05$），意味着不同村经济条件样本对于四个维度均有差异性。

（二）引领主体能力有待提高，思想引领效度受限

人才振兴是乡村振兴的基础，也是思想引领工作的主体力量。H 镇农

村青壮年人群大多外出务工，村内青年人口少、后备人才不足，党组织缺乏年轻人才、专业人才、新型人才，党员队伍中青年党员占比很少，精英人才外流，党组织缺乏活力，支部年龄结构老化。而年轻党员与老党员间思维、能力、方法差异明显，造成工作开展不顺，新思维、新办法的运用不足，导致思想引领开展效果受限。同时，基层党群联系存在弱化倾向，缺少新思维、新方法的运用。目前农村基层党组织内部活力不够，缺少创新思维，老党员延续传统模式，工作的主动性与积极性不足，动力不足，村民反映渠道非常有限，反映后工作成效相对一般。一方面，党员主动交流沟通的思想引领形式未能发挥积极作用；另一方面，缺少群众意见反馈，思想引领难以切合村民实际需要。

同时，思想引领对象也存在年龄、政治面貌、文化水平、外出务工情况四个方面的个体差异，不同个体差异影响着基层党组织思想引领的效度。同一套行动体系、同样的宣传形式、同样的宣传内容，对不同个体将产生不同的效果，影响村民整体的共同进步。从数理分析角度（如图 4-4），政治面貌与思想引领成效存在显著相关性，具体体现在思想觉悟水平、思想教育渠道、效果考评机制三个方面。首先从思想基础看，作为无产阶级的先锋战士，具备一定理论水平和思想觉悟的人才可能经过充分考察后进入党员队伍，较普通群众而言具备更高思想素质，在进行理论学习、政策学习的过程中接受、理解能力更强，将党的理论主张内化于心、外化于行的实践动力更足。其次党员拥有更多接受思想教育的机会，学习内容也更为宏观，主要围绕对大政方针的把握展开，以提升党员思想水

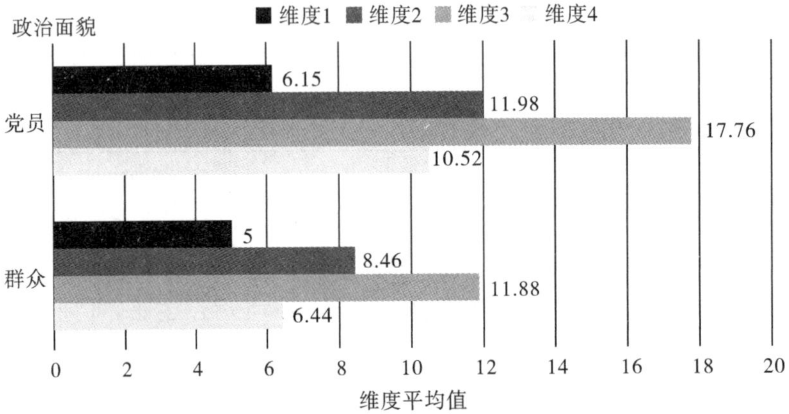

图 4-4　以“政治面貌”为变量的交叉分析

平、理论素养、工作能力为目标，基于更高标准、更高要求开展思想引领。最后从检验机制来看，对党员的思想状况和学习情况会有考察方式，但面向村民的思想引领没有效果检验和思想考察。

（三）保障机制不健全，文化设施建设受阻

H镇的村级示范点建设导致各村之间资源倾斜不同、发展机遇不同，对于大部分村来说，基层思想引领工作的保障机制尚不健全，主要体现在制度设计中资金不充足、监督检查机制不完善、激励机制不健全等三个方面，限制了当地文化建设的投入。

首先，农村基层党组织的工作开展往往需要大量的资金支持，资金不足导致在开展思想引领、建设文化设施时“没钱投、不敢投”。一方面，基层建设资金有限，能够投入文化设施建设、思想引领工作之中的资金更少，缺乏专项资金的支持与保障；另一方面，文化设施建设的资金投入大，但效果与作用难以在短时间内呈现，导致部分村民不满，也导致部分干部有畏难情绪。

其次，农村基层党组织的思想建设与思想引领工作主要在基层党组织内部进行检查与讨论，往往缺少上级党组织的监督与检查。尽管引领工作开展顺利有序，但仍然存在缺少时代特点和地方特色的问题，其效果也主要通过经济评价反映，缺少上级干部的深入走访了解。

最后，农村基层党组织普遍缺少年轻人才。尽管有大政策引导的背景，但是在物质动员和生活保障上的制度建设仍有不足，大多数本土人才仍然因为大城市机遇多而外流，有能力、高素质的年轻人涌向大城市上学、务工，安家立业后不愿再回农村，农村缺乏留住人才的社会环境和吸引人才回流的发展空间，高学历、高素质人才的缺乏限制了基层党组织作用的发挥。

四、新时代农村基层党组织思想引领对策建议

宣传思想工作做的是人的工作，解决好思想问题需要强化教育引导、实践养成、制度保障。全面实施乡村振兴战略必须做好农民思想工作，通过加强主体建设、增进制度保障及营造客观环境提升农村基层党组织思想引领效度，健全自治、法治、德治相结合的乡村治理体系。

（一）加强基层党组织建设，提高思想引领主体能力

农村基层党组织作为农村思想引领的主体，必须加强自身建设、提高

综合能力，加强党员教育管理，做到懂理论、会宣传、能落实，切实提高思想引领主体能力。

1. 加强思想建设，提高理论水平

党组织应当组织学习形式丰富、学习内容多样的活动，定期邀请专家学者开展理论讲座，围绕习近平新时代中国特色社会主义思想开展内容解读与意义阐释，帮助党员学习正确理论、掌握正确理论，使习近平新时代中国特色社会主义思想入脑入心。进一步指导党员学会运用习近平新时代中国特色社会主义思想，结合自身实际，以理论指导实践，外化于行，将党的方针政策落实在基层，将党的战略主张贯彻在基层，将党的思想理论宣传在基层。

2. 转变发展观念，增强主体意识

H县脱贫攻坚成效显著，正处于巩固脱贫成果、迈向乡村振兴的衔接阶段，必须明确做好思想引领工作在推动乡村振兴战略实施中的重要作用，在帮助村民"富口袋"的同时也要重视"富脑袋"。通过思想工作解决农村存在的封建思想残余、宗族主义和小农意识，发挥社会主义核心价值观对村民教育、乡风文明塑造的引领作用，融入生活的方方面面，转化为人们的情感认同和行为习惯。

3. 密切党群联系，发挥带头作用

党员在生活中应当主动关心群众，了解村民的生活需要与实际诉求，随时关注村民的思想变化。对于村民的合理诉求与意见建议给予及时解决与吸收采纳，增强党组织为村民服务的本领。对于不合理、不正当的利益诉求加以正确引导，逐步改变错误思想。在生活中发挥先锋模范作用，做群众看得见、摸得着的实事，增强群众的获得感、幸福感、安全感，引导广大村民跟随党、拥护党。

（二）完善相关制度法规，提供思想引领制度保障

思想引领要依靠制度管理保障。应强化主体责任，完善监督体系，高质量推进监督、检查、考评全覆盖，抓紧构建形成一套合理的由上级到下级、由内部到外部、奖惩结合的监督激励机制。

1. 规范党支部内部监督机制，督促党员学习落实

坚持严管和厚爱结合、激励和约束并重，完善干部考核评价机制，建立激励机制和容错纠错机制，在H县现行党员积分考评制基础上增加党员

互评打分制，切实开展批评与自我批评，督促党员及时发现自身思想问题及能力短板，从而对症下药加强自身建设。

2. 设立上级党组织考评制度，推进支部工作开展

目前的评定流于表面，缺少深度考察，真实情况未得到完全反映，亟须构建一套更为合理的上级党组织考评制度，通过工作成果量化、实地走访考察、随机访问村民等形式深入了解党组织思想引领工作开展情况，对阶段工作进行打分，也借助上级考评分数，让党员、干部知敬畏、存戒惧、守底线，在受监督和约束的环境中工作、生活。

3. 丰富先进党员奖励方式，激发组织工作热情

抓紧建立一套完整详细的优秀党员、优秀党支部鼓励机制，制订合理判定标准，对有本领、有作为的先进党员，对办实事、出成效的先进党支部加以表彰奖励，旗帜鲜明地为敢于担当、踏实做事、不谋私利的干部撑腰鼓劲。在条件允许情况下，各地开展不同形式不同内容的精神鼓励与物质鼓励，督促进步。

（三）推动各项设施建设，营造思想引领客观环境

在全国宣传思想工作会议上，习近平总书记强调："要大力弘扬时代新风，加强思想道德建设，深入实施公民道德建设工程，加强和改进思想政治工作……要弘扬新风正气，推进移风易俗，培育文明乡风、良好家风、淳朴民风，焕发乡村文明新气象。"① 调研发现，农村基层党组织思想引领工作与该村的经济实力、物质基础关联密切，经济实力较好的农村基层党组织对于思想引领的资金投入、时间投入、精力投入相对较多，文化设施建设更好，宣传塑造的乡风文明也更加丰富、现代化，基础设施又进一步影响地区人才吸引力，促进农村基层党组织思想引领工作持续健康发展。因此，通过大力发展经济，汇聚人才，创新宣传形式，营造思想引领的良好氛围，为农村基层党组织思想引领工作提供人力、财力、物力保障。

1. 大力发展经济，提供物质基础

农村公共基础设施是促进农村经济社会持续健康发展的重要支撑，是

---

① 举旗帜聚民心育新人兴文化展形象 更好完成新形势下宣传思想工作使命任务［N］. 人民日报，2018-08-23（01）.

乡村全面振兴的重要物质基础。发展经济促进村集体收入增加，在推进合作社等集体经营形式成长、成熟的过程中，基层可用增加的集体资金改善当地基础设施、文化设施，丰富村民文娱生活，开展地方特色活动，为多形式、多渠道、多方法的思想理论宣传教育活动的开展提供平台保障、场地保障。

2. 招揽汇聚人才，提供智力支撑

一方面，要加快培养本土人才，提高当地教育条件，完善教育设施，加强师资力量，培养一批正在家乡地、具有家乡情、怀有振兴志的本土人才；另一方面，要积极引进外来人才，加大对外来人才的鼓励力度，提供更多落地优惠政策，为外来人才在当地落地生根提供政策保障。

3. 创新宣传形式，转变话语体系

充分利用新时代的技术优势，利用互联网、多媒体技术开展思想引领；增设主要面向村民的理论微宣讲小队，打破只面向党员开展理论宣讲的传统形式；借助当地民俗活动，将红色文化、红色精神注入其中，以特色表演、文艺活动为载体进行宣传教育；继承当地优秀传统文化，充分挖掘历史故事，发扬传统美德，与社会主义核心价值观相结合，将本土特色优秀文化发扬光大。

参考资料

[1] 习近平谈治国理政（第一、二、三卷）[M]. 北京：外文出版社，2014、2017、2020.

[2] 吴小雪，冯秋婷. 新时代社区党组织思想引领力的建构困境及提升路径研究 [J]. 理论视野，2021（1）：72-78.

[3] 石庆新，傅安洲. 新时代增强思想引领力的四维向度 [J]. 中学政治教学参考，2020（33）：1+4.

[4] 宋福范，唐恭玲. 全媒体时代增强党的思想引领力 [J]. 中国党政干部论坛，2020（2）：44-46.

[5] 张丽莉. 党的思想引领力源于思想生产力和思想说服力 [J]. 河北学刊，2020，40（6）：221-226.

[6] 骆郁廷. 新时代如何提升党的思想引领力 [J]. 人民论坛，2019（12）：15-17.

[7] 双传学. 提升党的思想引领力的内在逻辑与时代回应 [J]. 社会科学文摘，2019（7）：5-7.

[8] 李玉良. 新时代党的思想引领力建设路径研究 [J]. 观察与思考，2018（3）：96-103.

[9] 戴焰军. 不断增强党的思想引领力是实现党的全面领导的内在要求 [J]. 中国党政干部论坛，2018（3）：20-22.

团队队长：左　睿

团队成员：陈佳彬、胡小青、陈子怡、全舒羽、陆文秀

指导老师：曹　阳

附件一

新时代农村基层党组织思想引领状况调查问卷（村民版）

您好！我们是中国地质大学（武汉）马克思主义学院社会调查的力行致远团队，为了解新时代农村基层党组织思想引领状况，本团队特设此问卷开展本村调查。

您的意见和建议对我们十分重要，问卷收集采取匿名形式，答案无对错之分。填写本问卷将占用您10分钟时间，希望您能抽出宝贵的时间，根据实际情况填写这份问卷。谢谢！

第一部分　基本信息

1. 您的性别：

○男　○女

2. 您的年龄________

3. 您的政治面貌

○中共党员（含预备党员）　○民主党派　○共青团员　○群众

若选［中共党员］则→4. 您在党内是否承担工作职务？

○是，请注明职务________　○否

5. 您目前主要的活动是：

○劳动或工作　○上学　○无业/失业　○离退休

○被人照看（生病、年迈等） ○其他，请注明________

6. 您受教育的程度（含在读阶段）是：

○未上学 ○小学 ○初中 ○高中（含中专或中职）

○大学（含大专）及以上

第二部分 村民思想状况

（一）宏观认知认同

1. 对党的执政认同情况：

○非常认同 ○比较认同 ○一般 ○比较不认同 ○不认同

2. 对道路自信认同情况：

○非常认同 ○比较认同 ○一般 ○比较不认同 ○不认同

3. 对文化自信认同情况：

○非常认同 ○比较认同 ○一般 ○比较不认同 ○不认同

4. 对制度自信认同情况：

○非常认同 ○比较认同 ○一般 ○比较不认同 ○不认同

5. 对理论自信认同情况：

○非常认同 ○比较认同 ○一般 ○比较不认同 ○不认同

（二）中观认知认同

1. 您是否认同习近平新时代中国特色社会主义思想？

○完全认同 ○比较认同 ○一般 ○比较不认同 ○非常不认同

2. 您是否认同将乡村振兴战略作为新时代中国特色社会主义发展战略安排？

○完全认同 ○比较认同 ○一般 ○比较不认同 ○非常不认同

3. 您是否认同农村在党的领导下能实现巩固拓展脱贫攻坚成果同乡村振兴的有效衔接？

○非常认同 ○比较认同 ○一般 ○比较不认同 ○不认同

4. 您是否认同党将解决好"三农"（农业、农村、农民）问题作为全党工作重中之重？

○非常认同 ○比较认同 ○一般 ○比较不认同 ○不认同

5. 您是否知道社会主义核心价值观的具体内容？

○是 ○否

6. 社会主义核心价值观是从哪几个层面展开的？（多选）

○国家层面 ○政府层面 ○个人层面 ○社会层面

7. 您是否认同社会主义核心价值观对您工作、学习、生活有指导作用?

○非常认同 ○比较认同 ○一般 ○较少认同 ○非常不认同

8. 您在工作、学习、生活中对“爱国”的践行情况如何?

○优秀 ○良好 ○一般 ○较差 ○差

9. 您在工作、学习、生活中对“敬业”的践行情况如何?

○优秀 ○良好 ○一般 ○较差 ○差

10. 您在工作、学习、生活中对“诚信”的践行情况如何?

○优秀 ○良好 ○一般 ○较差 ○差

11. 您在工作、学习、生活中对“友善”的践行情况如何?

○优秀 ○良好 ○一般 ○较差 ○差

第三部分 党组织工作开展情况

(一) 整体情况

1. 据您所知,本村是否开展了党的思想政策宣传教育?

○是 ○否

2. 据您所知,本村进行宣传教育的主要内容有哪些?(多选)

○习近平新时代中国特色社会主义思想 ○社会主义核心价值观

○党的重大会议内容及精神 ○乡村振兴相关战略安排

○其他,请注明________

3. 据您所知,本村党组织开展了哪些方面的宣传教育?(多选)

○生活困难的解答 ○帮扶政策的解读 ○工作方面的指导

○其他,请注明________

4. 据您所知,本村关于党的思想政策宣传教育的开展形式有哪些?

○海报、横幅、传单、宣传栏等 ○农村广播播报

○理论学习讲座、精神解读讲座 ○理论宣讲员宣讲

○到访住户家中进行 ○其他,请注明________

→F1. 据您所知,海报、横幅、传单、宣传栏等内容更新频率如何?(仅限 4 选海报、横幅、传单、宣传栏者回答)

○每周更新 ○每月更新 ○每季度更新 ○不定期更新 ○不清楚

→F2. 据您所知,广播播报集中在每日哪些时间段?(仅限 4 选农村

广播播报者回答）（多选）

〇6：00—10：00 〇10：00—14：00 〇14：00—18：00

〇18：00—22：00 〇不清楚

→F3. 据您所知，讲座开展频率如何？（仅限4选理论学习讲座、精神解读讲座者回答）

〇每周一次 〇每月一次 〇半年一次 〇不清楚

〇其他，请注明________

→F4. 据您所知，理论员宣讲频率如何？（仅限4选理论宣讲员宣讲、到访住户家中进行者回答）

〇每周一次 〇每月一次 〇半年一次 〇不清楚

〇其他，请注明________

5. 您认为本村党的思想政策宣传教育的宣传广度如何？

〇优秀 〇良好 〇一般 〇较差 〇差

6. 您认为本村党的思想政策宣传教育的内容覆盖面如何？

〇优秀 〇良好 〇一般 〇较差 〇差

7. 您认为本村开展宣传教育活动的频率如何？

〇优秀 〇良好 〇一般 〇较差 〇差

8. 您对上述活动的参与度如何？

〇每次都参与 〇经常参与 〇一般 〇偶尔参与 〇基本不参与

若选每次都参与、经常参与、一般，则→D8. 吸引您参与上述活动的因素有哪些？

〇形式多样 〇内容紧扣时事 〇语言通俗易懂

〇宣讲员理论素养 〇个人兴趣

〇其他，请注明________

若选偶尔参与、基本不参与，则→D8. 制约您参与上述活动的因素有哪些？

〇宣传形式单一 〇宣传内容枯燥 〇宣传语言学术化

〇本人缺少学习兴趣 〇时间安排不合理 〇其他，请注明________

9. 您认为当前党的思想政策宣传教育成效如何？

〇非常有成效 〇比较有成效 〇一般 〇不太有成效 〇没有成效

10. 您对当前党的思想政策宣传教育的满意程度如何？

〇非常满意 〇比较满意 〇基本满意 〇不太满意 〇非常不满意

11. 您对本村基层党组织工作评价如何？

○优秀 ○良好 ○一般 ○较差 ○差

12. 您希望本村党组织在宣传教育上有何改进？（多选）

○加强学习氛围营造 ○增加理论宣讲

○提升党员干部思想觉悟与理论素养 ○紧密结合时政

○增加乡村振兴政策解读

○其他，请注明________________________________

13. 您对本村党组织宣传教育开展有何期待？

答：________________________________

（二）具体情况

第一，抗洪工作。

1. 您是否知道本村开展了抗洪工作？

○是 ○否

2. 您认为这项工作和您的生活联系情况如何？

○联系紧密 ○联系较强 ○一般 ○联系较弱 ○没有联系

3. 您是否愿意配合党组织开展此项工作？

○非常愿意 ○愿意 ○一般 ○比较不愿意 ○不愿意

第二，乡村振兴相关工作。

4. 您是否知道本村开展了乡村振兴相关工作？

○是 ○否

5. 您认为这项工作和您的生活联系情况如何？

○联系紧密 ○联系较强 ○一般 ○联系较弱 ○没有联系

6. 您是否愿意配合党组织开展此项工作？

○非常愿意 ○愿意 ○一般 ○比较不愿意 ○不愿意

第三，环境美化工作。

7. 您是否知道本村开展了环境美化工作？

○是 ○否

8. 您认为这项工作和您的生活联系情况如何？

○联系紧密 ○联系较强 ○一般 ○联系较弱 ○没有联系

9. 您是否愿意配合党组织开展此项工作？

○非常愿意 ○愿意 ○一般 ○比较不愿意 ○不愿意

附件二

新时代农村基层党组织思想引领状况调查问卷（干部版）

您好！我们是来自中国地质大学（武汉）的学生，为研究新时代农村基层党组织思想引领状况设计了本问卷，内容仅作研究参考，信息完全保密，不做他用，请放心填写！

基本信息：您来自________村，该村共有______人，其中党员______人。您在党内担任______职务。

1. 您所在的农村基层党组织的思想建设开展内容有哪些？

答：____

2. 您所在的农村基层党组织思想建设开展形式有哪些？

○定期集中学习　○外出参观学习　○发布自学材料

○组织观看视频　○其他________________________（请注明）

3. 您认为您所在的农村基层党组织思想建设开展形式如何？

○多样　○一般　○单一

4. 您认为最有效的开展形式是？

答：____

5. 您所在的农村基层党组织思想建设开展频次如何？

答：____

6. 您认为您所在的农村基层党组织思想建设开展质量如何？

○高　○较高　○一般　○较低　○低

7. 您认为开展质量高的原因有哪些？

○活动形式丰富多样　○宣传内容紧扣时事　○宣传语言通俗易懂

○宣讲员的理论素养与个人魅力　○个人的学习兴趣

○其他________________________________（请注明）

8. 您认为开展质量低的原因有哪些？

○宣传形式单一　○宣传内容枯燥　○宣传语言学术化

○本人缺少学习兴趣　○时间安排不合理

○其他________________________________（请注明）

9. 您所在的农村基层党组织党内思想建设活动参与情况如何？

○75%～100%　○50%～75%　○25%～50%　○25%以下

10. 您所在的农村基层党组织思想建设开展后是否有学习效率考察机制？

○有，______________________________（请注明何种形式）

○无，________________（请注明是否需要，若需要，需要何种）

11. 你对学习内容的掌握情况是？

○完全掌握 ○基本掌握 ○一般 ○掌握不佳 ○掌握较差

12. 您认为本村村民整体思想状况如何？

○优秀 ○良好 ○一般 ○较差 ○差

13. 您所在的基层党组织是否针对村民开展过思想引领工作？

○是 ○否

14. 您所在的村基层党组织针对村民的思想引领工作主要有哪些形式？

○理论讲座 ○广播 ○宣传公示栏 ○微信群转发相关政策

○党员入户 ○其他__________（请具体说明）

15. 您所在的村基层党组织开展思想引领工作的频率如何？

○每月一次 ○每月两次 ○半年一次 ○一年一次 ○不定期

16. 您对本村基层党组织思想引领工作开展有何期待和建议？

答：____

17. 如果您愿意进一步接受我们的访谈，请留下您的联系方式。

答：____

第五篇　乡村振兴视角下革命老区基层党组织建设状况及对策的调查研究

——以湖北省H县为例

革命老区是中国革命老根据地的简称，是指土地革命战争时期和抗日战争时期，在中国共产党领导下创建的革命根据地。革命老区是党和人民军队的根，是中国人民选择中国共产党的历史见证，为中国革命和建设作出了巨大的贡献。革命老区大部分位于多省交界地区，很多仍属于欠发达地区。在帮助革命老区打赢脱贫攻坚战、实现乡村振兴的进程中，基层党组织发挥着核心作用。革命老区的基层党组织的建设状况，直接决定着革命老区的经济社会发展程度。加强革命老区基层党组织建设，对于革命老区的乡村振兴战略目标的实现具有重要意义。

一、选题的背景、目的和意义

（一）选题背景

革命老区是乡村振兴战略实施的重点地区，是新时代促进区域协调发展、完善区域经济布局的重要一环，也是难点地区。习近平总书记多次强调，抓好革命老区振兴发展，让老区人民过上富裕幸福的生活，具有特殊的政治意义。从地理区位看，革命老区大多位于城市群的交通物流通道上，是城市群、经济区的重要支撑区域；从生态地位看，革命老区大多位于400毫米降雨线以东和大江大河的中上游，是重要生态屏障；从能源资源看，一些革命老区蕴藏了较为丰富和重要的能源资源。因此，支持革命老区振兴发展，有利于更好发挥革命老区生态屏障、产业承接地、能源资源基地的作用，在特殊类型地区中率先探索高质量发展的有效途径。从文化资源来看，革命老区是革命传统的重要承载地，是弘扬传承红色文化、增强斗争本领和斗争精神的重要依托。走得再远，也不能忘记过去，不能忘记初心，支持革命老区振兴发展，是践行党的初心和使命的必然要求，是增强敢于斗争、善于斗争本领的必然要求。为改善革命老区的经济社会发展状况，让老区人民逐步过上更加富裕幸福的生活，国务院自2012年以来先后批准了支持赣南等原中央苏区和陕甘宁、左右江、大别山、川陕等革命老区振兴发展的政策文件，部署实施了一批支持措施和重大项目，助力革命老区如期打赢脱贫攻坚战，持续改善基本公共服务，发挥特色优势推进高质量发展。

为支持革命老区在新发展阶段巩固拓展脱贫攻坚成果，开启社会主义现代化建设新征程，2021年2月，国务院又专门发布《关于新时代支持革命老区振兴发展的意见》，要求相关省（自治区、直辖市）要将革命老区振兴发展列为本地区重点工作，加强组织领导，完善工作机制，明确责任分工，制定配套政策，健全对革命老区的差别化绩效评估体系。尤其强调，要加强党的全面领导，增强“四个意识”、坚定“四个自信”、做到“两个维护”，充分发挥党总揽全局、协调各方的领导核心作用，把党的领导始终贯穿于革命老区振兴发展全过程和各领域各方面各环节。党的基层组织是党在社会基层组织中的战斗堡垒，是党的全部工作和战斗力的基础。新形势下基层党组织工作开展得怎么样，直接影响到党的凝聚力、影响力、战斗力的充分发挥。农村基层党组织是党直接联系群众的纽带，是党的理论和路线方针政策的直接执行者，是推进乡村振兴战略走好“最后一公里”的关键。可以说，农村基层党组织强不强，基层党组织行不行，直接关系乡村振兴战略实施的效果好不好。只有打造千千万万个坚强的农村基层党组织，培养千千万万名优秀的农村基层党组织书记，发挥好党组织战斗堡垒作用和党员先锋模范作用，才能把基层党组织的组织优势、组织功能、组织力量充分发挥出来，把广大基层党员和群众的思想、行动、力量、智慧凝聚起来，使他们凝心聚力投身到乡村振兴中去。因此，我们在推动实施乡村振兴战略的进程中，必须把农村基层党组织建设摆在更加突出的位置来抓，充分发挥党组织战斗堡垒作用和党员先锋模范作用。

H县隶属于湖北省H市，位于湖北省东北部，鄂豫两省交界处，曾在这里打响了黄麻起义第一枪，走出了红四方面军、红二十五军、红二十八军三支红军主力，为中国革命牺牲了14万英雄儿女。这里诞生了两位国家主席和223位将军，是“中国的将军县”。H县是典型的山区农业县，曾是全国扶贫开发工作重点县、全国老区建设示范试点县。在完成H县的脱贫攻坚任务之后，再次推进H县革命老区的全面振兴，无疑是一项重要的工程。H 县基层党组织的建设状况，将对 H 县乡村振兴产生重要的影响。为此，本团队以 H 县为研究对象，在乡村振兴视角下对 H 县基层党组织建设状况开展调研。

（二）选题目的和意义

本选题以“革命老区基层党组织建设现状及对策研究——以大别山区 H 县为例”为主题，在对调研主题有一定了解的基础上，深入湖北省 H 县多个村落、社区和街道进行专题调研。本调研拟通过对基层党组织对于重要会议和文件精神的贯彻落实情况、对农村基层问题的解决情况、与群众联系情况、对发展党员和党员教育管理的工作情况等方面的调研，全面了解基层党组织对促进乡村振兴的关键作用，分析乡村振兴进程中基层党组织的现状，把握制约乡村振兴进程中基层党组织建设的瓶颈，探索乡村振兴进程中加强基层党组织建设的实现路径，更好地推动基层党组织在乡村发展中发挥作用，促进乡村振兴早日实现。

本选题有助于了解革命老区振兴进程中基层党组织的发展现状和典型经验，有助于了解革命老区振兴进程中基层党组织建设面临的困境和存在的问题，有助于解决革命老区振兴进程中的基层党组织建设的不足。

二、乡村振兴视角下基层党组织建设研究综述

近五年来，学者们对基层党组织建设方面的研究趋势不断上升，所涉及学科领域涵盖政治学、马克思主义理论、教育学等。综观五年来的研究成果，主要观点综述如下。

（一）基层党组织振兴发展的概况研究

基层党组织是中国共产党在农村等基层地区的基础组织单元，其发展直接关系到我国社会的稳定与繁荣，要把基层党组织建设成为坚强战斗堡垒，充分调动基层干部的积极性、主动性、创造性。党和国家一贯高度重视党的基层组织的建设，尤其是党的十八大以来的全面从严治党的方针，更是开启了新时代基层党组织建设工作的新局面。2013 年习近平总书记在全国组织工作会议上指出，要贯彻党要管党、从严治党方针，必须扎实推进抓基层、打基础的工作，使每个基层党组织都成为坚强战斗堡垒。十年来全国基层党组织建设卓有成效。

1. 基本实现应建尽建

据中共中央组织部的数据，截至 2021 年 12 月 31 日，全国已有基层党

组织493.6万个。我国9034个城市街道、29649个乡镇、114065个社区(居委会)、491129个行政村已建立党组织，覆盖率均超过99.9%。全国共有各类基层党组织74.5万个，事业单位基层党组织94.9万个，企业基层党组织153.2万个，社会组织基层党组织17.1万个。

2. 基层党员思想政治素质得到提高

加强思想教育，引导基层党员深入学习党的指导思想，树立科学的发展理念，强化自身的先进性和纯洁性，基层党风廉政建设得到加强。广大基层党员踊跃向先进典型人物学习，争做先锋。推进学习型党组织的建设，努力提高基层党员的思想理论水平和科学文化素质，积极引导广大基层党员养成乐于学习、勤于学习、善于学习、终身学习的习惯。

3. 基层党组织结构体系得到优化健全

探索基层组织体系建设的新思路，不断优化基层组织设置，扩大基层组织的覆盖面。基层党员在各行业、各个领域的凝聚力和吸引力不断增强，归属感和自豪感也不断提高。

4. 基层党组织党内民主建设积极推进

改革基层党组织的党内民主选举，扩大了基层党组织领导团体成员的选举范围。改革党内民主决策模式，基层党员的参与权得到强化。基层党组织党内民主管理、党内民主监督、党内教育也得到了加强。基层党组织不断探索民主管理、民主监督的新途径，不断提高基层党员民主素质，使基层党员的民主权利得到了有力的保障。

（二）乡村基层党组织振兴的功能作用研究

1. 领导作用

乡村基层党组织的领导作用主要体现在统筹、沟通、协调各组织和群众上。乡村基层党组织在脱贫攻坚中必须发挥凝聚群众的作用，把人民群众牢牢团结在党组织周围，不断厚植党执政的群众基础（蒋红丹，2020）。乡村基层党组织的领导作用体现在整合乡村资源，引领乡村经济发展。乡村基层党组织要立足村庄实际，结合地方产业需求及特色，整合乡村资源，通过整合乡村自然资源与人力资源，因地制宜，发展集体经济，拓宽脱贫渠道（刘建华等，2019）。加强思想政治教育，引领乡村文明发展。乡村基层党组织也要积极推进乡村文明发展，营造良好的社会风气、向上的生活习俗、健康的乡土观念、进步的村落文化、和谐的家庭氛围以及稳定的社会环境，推动乡村文化振兴（孙伟、邴乃翰，2020）。

2. 纽带作用

乡村基层党组织是党在基层社会的延伸，起到了连接党和人民群众的重要作用。基层党组织应发挥决策执行作用，坚决贯彻执行党的各项脱贫攻坚方针政策，因地制宜制定具体政策文件，确保党中央各项部署落到实处（蒋红丹，2020）。要充分地了解广大农民群众的需求，了解他们的真正需要、合法且正当的利益是什么，并且要将这些信息进行整合综合上报到上级党委，并对信息的处理进程及时反馈（马勇进，2017）。

3. 吸收培养人才的作用

乡村基层党组织要能吸引优秀人才加入乡村基层党组织行列，提升党员队伍质量，要做细做实党员教育培训管理工作，建立健全党员干部能力提升机制、激励机制、监督机制和保障机制，畅通乡村基层党组织中优秀党员上升渠道（管文卫、张国祥，2019）。要加强制度保障，制定人才引进政策，支持大学生下乡，鼓励本地人返乡创业，引进技术人员，实现本土人才的培育和引进优质劳动力（白敏，2020）。

（三）乡村基层党组织振兴的困境挑战研究

乡村基层党组织建设存在的问题有四个方面。

1. 管理制度有待进一步优化

乡村基层党组织是直接管理党员，直接服务群众、联系群众最基础的组织，制度是实现和完善其职能最根本的要素。张静、王欢等学者普遍认为，目前，我国部分乡村基层党组织在建设过程中缺乏明确的规章制度，党员发展、党建工作、党组织活动等处于“坚持原则，灵活处理”的状态，缺乏管理章程与规则（张静、王欢，2019）。即便部分基层党组织在日常工作中对相关制度进行了构建和应用，但是也基本上都是“打折扣”的存在（姚锺凯，2020）。部分乡村基层党组织的民主生活会要求不严格，党员参与意识不强，甚至有的乡村基层党组织的支部书记多年没有改选过；党支部多年没有开过民主生活会，“三会一课”制度落实不到位，对基层党员的教育管理不多。部分领导干部和党员在参与党组织开展的各项活动时“挑三拣四”，有选择性地参加可能“有好处”、有利可图、“有意思”的活动。处于分散化管理状态的部分乡村基层党组织，各项工作与职能缺少规范，导致工作有一定的封闭性，脱离群众，也缺乏群众监督，最终形成乡村基层党组织工作人员素质较低等方面的问题（蔡文成，2018）。

2. 基层党组织战斗力有待进一步提升

有些党组织存在虚化、弱化现象，政治领导力不强，党的组织生活难以正常开展，凝聚力、号召力有所减弱（吴成林，2019）。一些基层党组织思想政治教育工作已经处于非常淡化的状态，自身的政治功能很难得到有效发挥，乡村基层党组织的政治领导功能受到村委会的挑战，乡村振兴中，村委会掌管经济权往往更受关注，甚至会影响党组织的政治功能的发挥（张丰清，2020）。村两委面对一些新问题职责不清，不能和谐相处，尤其是一些村委会通过发展乡村经济，提高政治影响力后，角色越位，影响了乡村基层党组织政治领导功能的发挥。部分乡村基层党员领导干部素质不高，他们往往认为自己的服务对象是上级领导，管理对象是广大农民群众，没有服务意识、服务态度、服务方法（张静、王欢，2019）。

3. 基层党组织建构体系有待完善

少数乡村基层党组织的干部队伍在思想状况、能力水平、人员结构上还没有适应新时期要求，基层党员党性观念淡化、先进作用有所弱化、党员队伍结构不合理，这些问题使党的基层组织功能不能得到充分发挥（杨雅涵、殷焕举，2010）。党员干部老龄化问题严重，文化程度不高，工作缺乏科学性，思想不够解放，缺乏创新、批判精神，导致基层党组织领导群体逐渐与乡村治理现代化脱钩，致富能力与带领致富能力下降（王瑾，2019）。诸多基层党员干部政治素质不硬、政治能力不高、政治意识不强、政治定力不坚，在乡村振兴中维护农民利益、处理农村纠纷、解决集体矛盾时政治领导作用发挥不够（熊艳兵，2019）。党组织覆盖力正在逐渐萎缩，造成了党组织覆盖面不全，出现了权力真空地带，引发了诸多社会问题（林星、王宏波，2019）。乡村人员流动性强，产业多元化，乡村流动党员的管理工作不完善，对外出务工的流动党员没有形成有效的管理机制，导致基层党组织的凝聚力不强（刘瑞同，2019）。

4. 基层党组织尚未完全适应社会多元环境

由于管理理念的滞后性，导致乡村基层党组织的政治监督功能严重错位或缺位，比如在村两委换届选举中，对宗族势力干预选举、拉帮结派干涉选举、送礼拉票影响选举的行为，乡村基层党组织政治监督有时出现“失察”“失语”情形（熊艳兵，2019）。部分乡村基层党组织的活动内容和活动形式没有体现新媒体环境下多元化、多样性的特色，也没有体现时代特色和党的最新方针政策，缺少结合群众利益诉求和时代特点进行创新的内容或方法（张静、王欢，2019）。城镇化步伐的加快、多元化思想的冲击、大量新媒体的涌现，使得一些乡村基层党组织的组织活动出现不接地气、脱离群众、形式单调、呈现真空的问题，使得党的大政方针宣传效果大大降低（熊艳兵，2019）。工作方式简单化，群众路线边缘化，不能了解群众诉求，合理解决人民内部矛盾，不利于乡村社会发展的和谐与稳定（王聪，2018）。新媒体的发展，传统文化日渐消弭，公共文化建设不足，外部分裂势力挑战，都是基层党组织建设面临的关键问题。

（四）乡村基层党组织振兴的对策与建议

1. 要增强乡村基层党组织的战斗力

全面加强乡村基层党组织自身建设，夯实党在乡村执政的组织基础和群众基础，是推进乡村振兴战略实施的根本途径（彭正德，2018）。严格党的组织生活，执行党规党纪，坚持“三会一课”制度，突出基层党组织的教育、管理、监督、服务职能。每个支部和党员都能发挥带动作用，从而增强乡村基层党组织的战斗力。

2. 要强化创先争优，增强乡村基层党组织的引领力

要以推动科学发展来建强基层党组织，来造福广大人民群众（胡柳娟，2017）。抓好支部书记这个“关键少数”，不断强化村两委班子力量。切实改善乡村党员结构，不断提升乡村党员的整体素质，重点从返乡知识青年、退伍军人、乡村企业负责人、致富能手中培养党组织后备干部。

3. 要强化宗旨意识，增强乡村基层党组织的号召力

要把广大人民群众以利益为纽带组织起来，具体体现在组织农民发展合作，帮助引导农民，逐步从以个体劳动为主的小农经济转变为相互依存、分工合理、劳动和资本能共同创造财富的现代化农业发展格局中来。通过动员、示范、引导、号召、凝聚等方式，激发群众的积极性和主动性，切实增强群众对党的理解、认同、信任和支持，增强乡村基层党组织在群众中的代表性和号召力（杨凤城，2019）。

4. 强化执政本领，增强乡村基层党组织的内生力

要借助“学习强国”等学习平台，聚精会神做好学习与实践工作，着力转变发展观念，创新发展模式，加快结构调整，促进产业升级，提高发展水平和质量，从而在保持经济平稳较快发展和社会和谐稳定中发挥乡村基层党组织的战斗堡垒作用。

5. 打造高素质的党员队伍，充分发挥党员的先锋模范作用

要严把乡村党员入口关，积极拓宽选人渠道，优先选拔、培养和发展

那些懂农业、爱农村、爱农民的人入党。要教育广大乡村党员牢记党的宗旨、坚定信仰并忠实践行共产主义远大理想和中国特色社会主义共同理想（罗宇凡、崔静等，2017）。要逐步提升发展对象的受教育水平，将发展机会向文化程度高、综合素质强的新一代青年农民倾斜。要让更多想为群众办实事、能为群众办好事的党员加入党的干部队伍中，鼓励他们带领村民脱贫致富，实现乡村振兴。

6. 破解“三化”问题，强化乡村基层党组织的领导地位

要拓宽选任渠道，敢于打破年龄、地域、性别、城乡等限制，让优秀人才成为乡村基层党组织的“领头羊”。要把基层党组织建设成为宣传党的主张、贯彻党的决定、领导基层治理、团结动员群众、推动改革发展的坚强战斗堡垒，从根本上解决虚化、弱化、边缘化的问题。积极推进“三会一课”制度、“两学一做”活动，提升乡村基层党员干部敢担当、善担当、能担当的能力，落实主体责任，发挥领导班子的协调作用（张静、王欢等，2020）。

7. 创新学习的方式方法，提高乡村基层党组织的学习能力

要克服学习中的盲目性，坚持正确的学习方向；在具体方法上要多思多想、学深悟透，知其然又知其所以然；运用乡村基层党员所喜闻乐见的学习方式，实现寓教于乐，增强学习内容的感染力与吸引力，增加乡村基层党员干部特别是老年乡村党员干部的参与度；广泛运用“互联网＋”的学习方法，便于乡村党员随时随地展开学习，并方便党员之间相互交流（袁冬梅、覃琳等，2017）。

总之，农村要发展，农民要致富，关键靠党支部。2021 年《中共中央国务院关于全面推进乡村振兴加快农业农村现代化的意见》明确指出，要加强党对“三农”工作的全面领导，充分发挥农村基层党组织领导作用，持续抓党建促乡村振兴。如何进一步激发基层党组织和党员干部作用，为乡村振兴注入强劲动力，成为新的时代课题。在巩固拓展脱贫攻坚成果同乡村振兴有效衔接的背景下，研究乡村基层党组织振兴路径具有很大的现实意义。全面实施乡村组织振兴，必须完善政策体系、工作体系、制度体系，以更有力的举措汇聚更强大的力量。乡村振兴离不开组织振兴，基层党组织是农村基层组织的核心，是实施乡村振兴战略的政治优势和根本保障，必须把强化基层党组织建设作为长远之计和固本之举。

三、H县革命老区基层党组织建设状况

本调查充分利用我院教学实践基地的便捷优势，选取湖北省H县内11个基层党组织为调研实践点，运用入户访谈的方法，对各类基层党组织进行走访交流，深入了解，以期从微观机制把握基层党组织建设情况。

（一）调研对象的基本情况

1. 受访地的整体情况

湖北省H县位于大别山南麓、鄂豫交界处，面积1796平方千米，总人口66.5万，是著名的大别山革命老区县、住房和城乡建设部定点帮扶县。H县下辖13个乡镇（场），374个行政村，19个社区，共有基层党组织1434个，其中党委58个、党总支134个、党支部1329个，共有党员33108人。实行网格化管理。本调研有针对性地走访了其中的5个基层党组织，包括社区党群服务中心、企业党支部、村委会以及一些机关单位等。

2. 受访者的整体情况

本调研的访谈共计23份，12份群众深度访谈，占比超过50%。受访者主要是基层的党员、群众以及部分机关干部，涉及5个基层党支部。一是JS社区党支部，该党支部共有5名支部委员和8个已报备申请入党的村民，岗位配备和党员发展情况良好。二是PC社区党支部，该党支部有支部委员5名，分管组织、党建、土地、综治、户籍等工作。三是城关镇CY社区党支部，目前党支部人手够用，流动党员占比大，难以管理。四是H县YF教育党支部，H县YF教育培训机构是一家民办教育企业，该企业的党支部为企业联合党支部，是湖北省H县统战部社会人士实践基地，支部内部有10名党员。五是H县信访局党支部，该党支部共有5名委员，人员岗位配置齐全，日常工作人手够用。

（二）H县革命老区基层党组织建设调查结果分析

通过整理访谈材料和调研数据，H县革命老区基层党组织建设的情况可以归纳如下。

1. H县基层党组织建设的主要成绩

H县县委始终把党的政治建设摆在首位，认真贯彻落实新时代党的建设总要求和新时代党的组织路线，把党的建设和组织工作与脱贫攻坚、乡村振兴、扫黑除恶、基层治理等有机结合起来，统筹推进，取得了较好成

绩。2020年，H县荣获“H市2020年度党建优胜单位”“H市2017—2021年度基层党建示范党组织”等荣誉，《人民日报》、中央电视台等主流媒体多次进行报道。

首先是基层党组织建设全面推进。坚持党建强村、民主管村、依法治村、文明兴村，弘扬“支部建在连上”的优良传统，开展组织设置进湾组、党员管理进湾组、村民自治进湾组、文明创建进湾组、公共服务进湾组。按照红色文化、特色产业等“五类村”标准，聚力打造党建示范带和示范点；新增村级党组织运转经费，以奖代补支持村党群服务中心提档升级。围绕组织体系、队伍体系、宣传体系、服务体系、治理体系，开展党建引领幸福社区建设。选派副县级领导任社区党委第一书记。规范成立小区党支部，推选党员中心户，公开选聘“两长四员”，开发“小区微服务”APP。抽调县乡机关单位干部组建驻村工作队和督查总队，明确工作职责，实行“五天四夜”驻村工作制度，挂牌上岗、亮明身份、明确职责，助力基层党建、美丽乡村、文明创建、矛盾化解等工作。推行支部标准化规范化建设，包括规范党支部设置，推进党支部班子建设、党支部换届、组织生活等十一项内容。增加县级财政投入，实施党员群众服务中心行动计划，新建、改建、扩建村庄，改变各村（社区）党员群众服务中心的面貌。全面落实一名县领导联村、一名乡镇党委包村、一名第一书记驻村、一个县直部门帮村的工作举措，因村施策地抓好软弱涣散村（社区）党支部整顿工作。

其次是强化政治建设，坚定理想信念。一是示范化开展党的群众路线教育，以棚户区及旧城拆迁、抗旱保民生、服务园区企业建设为抓手，开展整治文山会海、慵懒散软、发展环境、奢侈浪费等活动，受到中央巡回督导组的肯定。二是常态化推进“两学一做”学习教育，把广大党员干部在学习教育中焕发出来的精气神，转化为推动H县持续跨越的新作为。三是创新化开展“不忘初心、牢记使命”主题教育，探索推行党支部“4321”工作举措，开展传承红色记忆、讲好红色故事、学习红色英模、重温红色誓言等活动和思想之问、发展之问、民生之问的大讨论。四是发掘红色资源“富矿”，深入开展党史学习教育，开展“党旗在基层一线高高飘扬”“党课开讲啦”“学习身边榜样”等活动，制作并推出一批优秀党课。

再次是强化队伍建设，增强班子战斗力。一是加强村级带头人队伍建设，坚持完善和落实村两委成员资格县级部门联审和党组织书记县级党委备案管理制度，严格落实两委候选人部门联审机制。举办村（社区）党组织书记定期培训班，并邀请县委书记、县长、纪委书记、组织部长对学员进行专题辅导，及时调整不符合条件的村两委成员。二是坚持储备、培养和使用相衔接，确保每个贫困村储备 2 至 3 名后备干部，安排 1 名后备干部提前参与村级工作，每村储备 1 至 2 名村党组织书记后备人选。三是加强农村党员队伍建设，向农村倾斜发展党员计划。四是持续实施“招才引智”计划，通过招聘招引实习生、教授回乡，储揽人才。

2. H 县基层党组织建设的问题反思

尽管 H 县基层党组织建设取得了一些成绩，积累了不少好的经验，但也存在一些问题，归纳如下。

一是基层党组织贯彻决议不到位，统筹协调能力待加强。充分发挥基层党组织战斗堡垒作用和共产党员先锋模范作用是我们党不断发展壮大的重要方法论。然而，在贯彻落实各项决策的过程中，仍然存在着部分基层干部对上级决议的理解不到位或者不能够结合实际、创造性地开展工作的情况。团队在调研过程中发现，部分基层干部在工作开展中搞“两张皮”，工作方式方法不能及时创新，不能将基层党组织建设与基层治理有机衔接，使得各项改革发展任务不能落实落地，见不到实效，从而导致宣传党的主张、贯彻党的决定效果不佳。另外，大多数村庄并未落实好责任机制，基层政府和村两委之间、村两委之间、村两委内部各成员之间缺少明确的责任划分，不利于工作任务的合理分配和后期责任的追查。乡村振兴规划实施过程中的资金、项目、力量不能全部统筹利用，不能保证各项工作落细落小。例如，辖区单位党组织对社区党建和社区治理及建设是支持的，但存在少数单位参与社区党建共建的责任感还不强，对构建区域性党建工作格局的积极性不够高，认为单位工作任务本身就很繁重，抽不出更多的精力去参与社区党建及开展社区治理的事务性工作。

二是基层党组织人员结构不合理，人才吸引力仍需提高。党的工作最坚实的力量支撑在基层，最突出的矛盾问题也在基层，基层治理千头万绪，公共服务事关千家万户，不容忽视。当前基层的权力与基层干部承担的责任不够匹配，存在“无限责任”和“有限权力”的现实矛盾。由于基层工作高强度、高难度、不对等，基层干部的环境待遇缺乏吸引力，工作生活环境较为艰苦。高强度的工作量，较差的环境待遇，基层工作的容错机制不完善，人民的不理解，负面新闻的传播等等也会加大干部的心理负担，更容易让基层干部在工作开展中畏首畏尾，难有创新。基层工作难开展、强度高、待遇不好等等导致基层缺乏对人才的吸引力。配套的人才考核机制僵化、支持力度不足的问题，导致基层干部队伍在结构上存在干部老龄化、非本土化、非专业化等缺陷。团队在调查中发现，部分农村地区理论学习定期进行，但配套考核措施不完备，多以工作能力为唯一参考标准，不利于更好地将理论学习应用于工作中，这就导致了一些村两委班子成员工作能力不足。一些未经严格挑选的村两委班子成员存在对政策理解不充分、落实不到位等情况，缺少带头发展的主动性和能力。例如，在发展集体经济方面，少数村干部发展集体经济能力不足，对抓集体经济及发展办法不多，思路不宽，内生动力不强，导致村级集体经济发展不均衡。少数村党组织书记年龄老化、能力弱化，习惯按部就班开展工作，应对突发事件能力不强，在公共安全、医疗卫生等方面的专业知识匮乏，在落实应急预案、应急措施上不够有力，形式单一、方法简单。由于青壮年大都外出务工，导致优秀村党组织书记难选难留，短时期内选不出合适人选。尽管加大了对社区工作者的培训力度，但社区工作者取得职业资格证书的仍然较少，专业能力建设还不够。由此可见，H 县基层党组织的人才难选难留问题还比较突出。

三是部分基层党员的素质不达标，作风建设还需再加强。基层还存在部分党员干部不担当、不作为，存在依“法”不办事等作风不佳的问题。少数党员缺乏政治素养和基本道德素养，在工作生活中只顾局部利益，缺乏全局观念，理想信念不足，背离初心使命，工作上只注重应付上级检查，忽略了对农民实际问题的反馈，不断破坏基层治理，疏远党群关系，给党组织带来不好的影响。一些基层党组织工作开展困难，对于党的理论政策宣传方式单一，多采取单方面灌输方式，宣传效果不理想。年轻党员参与度低，党的最新方针和政策难以真正落实和向群众普及，缺乏有效的解决方案。农村党员学习积极性低，对党的各种理论精神领会不到位，不能充分发挥理论政策对乡村工作的指导作用。

四是基层党组织触角延伸不到位，党群间的紧密性有待提高。党的组织只有有效嵌入各类社会基层组织中，才能坚持和落实党的领导，发挥基层党组织战斗堡垒作用和党员先锋模范作用。团队在调查中发现，H 县少数小区的党组织阵地建设还不够规范，还存在“三无小区”和老旧小区，部分单位对社区治理和建设还缺乏足够了解，认为社区工作与单位工作职能区别较大，因此对社区建设参与不够、支持力度不够，导致小区阵地服务功能发挥不够。部分基层党员干部与人民群众的联系并不紧密，不能主动积极地帮助关心群众，对群众服务态度较差，不能切实解决人民生活的实际问题，没有真正树立以人为本的服务意识。还有少数基层干部甚至秉持"多做多错，少做少错"的思想，不敢担责，相互推诿，缺乏责任意识，懒政怠政的出现使得群众的问题得不到解决，对党员的形象造成不良影响。不少群众对于自己的各项权利了解并不全面，部分居民根本不认识村两委成员，对公益事业关注也越来越少，为自己的利益发声的更是少之又少，群众的社会主体性没有得到充分体现。党组织触角延伸不够，群众参与性低，一方面导致群众的权益容易受损，另一方面也使得群众容易因为不理解基层工作而采取不配合的态度，从而对各项工作的开展起到阻碍作用，进而导致干部与群众之间的疏离。

五是基层流动党员的管理难统一，与党组织联系不紧密。H 县外出流动党员多，距离远且相对分散，这些流动党员常年不在家，分散在全国各地，长期脱离党组织，如何让他们参与党组织生活，做到"流动不流学"是一大难题。由于缺少配套的制度来管理流动党员，很多在外的流动党员不能及时接受党组织的教育培养，不能按时参与丰富的组织生活，不能时刻体会到组织的温暖，从而进一步导致其党性意识淡化，甚至把参加党的组织生活看成是一种负担，对党组织的归属感不强。

四、H 县基层党组织建设的对策建议

针对 H 县基层党组织建设存在的问题，我们提出如下对策和建议。

（一）提高基层党支部统筹协调能力，推进其标准化规范化建设

要深入推进农村党支部标准化规范化建设，提升村级党组织的组织力，真正把广大党员、群众和各类社会基层组织联结起来，推动党的路线方针政策和决策部署落实到支部、从严教育管理监督党员落实到支部、思想政治工作和群众工作落实到支部。继续以"整县推进"支部建设为抓手，坚持"抓两头带中间"，一手抓党建示范点打造，一手抓整顿软弱涣散村党组织，建立基层党组织评估定级、进位升级常态化机制。鼓励支持村（社区）立足区位条件、资源禀赋、文化特色等各具特色的经济发展模式，培育"一村一品"主导产业，持续发展壮大村级集体经济。建好用好

农村党员群众服务中心，深化“五务合一”。

（二）调整优化基层党组织人员结构，强化党员责任与保障制度

要抓好重点领域重点群体发展党员工作，着力解决一些地方和领域党的力量薄弱问题。积极吸收优秀青年加入党组织，为党组织注入新鲜血液，提高在生产工作一线、高知识群体中发展党员比例。严格落实党委主体责任，坚持将抓党建促乡村振兴情况作为县乡党委书记抓基层党建述职评议考核的重要内容，作为领导班子综合评价和选拔任用领导干部的重要依据。关心关爱农村基层干部，政治上激励、工作上支持、待遇上保障、心理上关怀。重视发现和树立优秀农村基层干部典型，彰显榜样力量。

（三）培养增强基层党员的自身素质，抓紧抓牢党员的作风建设

党员必须提高自控能力，端正党员身份，提高思想认识，坚持用党员的高标准、严纪律要求自己，做时代的排头兵，树立党员的良好形象。要不断加强政治理论学习、业务学习和传统文化学习，强化理想信念和党性教育，提高战略思维、创新思维、系统思维和底线思维能力。要进一步树牢“四个意识”，坚定“四个自信”，坚决做到“两个维护”，坚持反腐败斗争，落实党中央全面从严治党决策部署。要认真贯彻党章和上级党委有关加强党建工作的制度规定，完善党支部建设工作规则。要切实加强基层党组织书记和基层党务工作者学习培训，提升每个党员的工作能力。坚持边查摆分析、边整改落实、边建章立制，推动改进工作常态化、制度化发展。

（四）把党组织的触角延伸到最末端，做好农村党员的发展工作

推进“两学一做”学习教育常态化制度化，教育引导广大党员自觉用习近平新时代中国特色社会主义思想武装头脑，深入开展支部主题党日活动，严格落实“三会一课”、组织生活会、谈心谈话、民主评议党员等制度。坚持把政治标准放在首位，严把发展党员入口，适当增加发展党员计划数。注重在重大任务一线发展党员，探索推进党员队伍分类管理，持续落实“党的关怀月月送”和农村党员“创业致富”计划。对近几年发展党员工作进行“回头看”，确保发展党员工作的严肃性和规范性。广泛开展党员联系脱贫户、党员中心户挂牌、党员示范区、党员责任岗等活动，激发党员队伍活力。加强流动党员管理。妥善处置不合格党员。扩大党内基层民主，推进党务公开。加强党内激励关怀帮扶，定期走访慰问农村老党员、生活困难党员，帮助他们解决实际困难。

（五）加强流动党员的教育管理工作，打造一支稳定的工作队伍

针对流动党员问题，要充分利用互联网等信息手段，创新教育方式，建立流动党员手机短信平台，开通网上信箱，建立流动党员微信群和QQ群，成立流动党员网络党支部，定期向流动党员发送学习资料，开展互动交流，加强流动党员党性教育。同时要认真抓好典型引路工作，发现培育流动党员先进典型，让他们现身说法，宣讲自己在外务工期间接受党的教育、参加党的活动、遵纪守法、钻研业务等方面的先进事迹，从而进一步激发流动党员参与基层党组织活动的积极性。要打造一支稳定的工作队伍，培养事业的接班人，把党员培养成致富能手，把致富能手培养成党员，把党员致富能手培养成村干部，确保每个村都有入党积极分子和后备干部。广泛推行党员户挂牌、责任岗、积分管理，组织党员干好本职事、完成组织事、做好身边事。

总之，新时代全面推进乡村振兴是在中国共产党领导下，依靠政府、市场、社会等多元主体力量共同参与，更高水平造福亿万农民，推动农业农村现代化的一项系统性、综合性工程。革命老区在中国共产党历史中具有极其重要的地位，是全面推进乡村振兴的重要一环。在乡村建设行动中贯彻落实新发展理念，完善共建共治共享制度安排，需要进一步构建起系统科学的运作机制，构建党的领导和党建引领机制，加强基层党组织对乡村建设行动的领导，确保乡村建设行动的公共性价值导向。

参考资料

[1] 张超. 改革开放以来基层党组织建设的历史考察 [J]. 中共杭州市委党校学报，2019（2）：20-27.

[2] 蒋红丹. 脱贫攻坚中农村基层党组织作用发挥探究 [J]. 中共济南市委党校学报，2020（2）：111-114.

[3] 吴梅芳. 农村基层党组织作用发挥状况的调查与思考 [J]. 理论探索，2013（3）：48-51.

[4] 黄亚萍. 脱贫攻坚中基层党组织作用研究：以安徽省S县为例 [J]. 大连干部学刊，2019（8）：30-36.

[5] 杨蕾，殷焕举. 基层服务型党组织建设的路径探析 [J]. 中州学刊，2013（6）：22-25.

[6] 王聪. 乡村振兴背景下加强农村基层党组织建设探析 [J]. 中共

桂林市委党校学报，2018（4）：61-64.

[7] 吴成林．乡村振兴与农村基层党组织组织力的提升［J］．长白学刊，2019（1）：16-22.

[8] 周忠丽．“空心化”背景下农村基层党组织凝聚力建设研究［J］．探索，2016（1）：105-109.

团队队长：刘 青

团队成员：侯玲玲 孙闻婕 赫雅雯 许佳乐

指导老师：严世雄

附件一

关于H县基层党组织建设的访谈记录（摘录）

访谈记录1
一、基本信息 访谈时间：2021年7月4日 访谈方式：面对面 记录人：侯玲玲 访谈地点：社区党群服务中心 访谈对象：社区党群服务中心主任 访谈主题：基层党组织建设状况
二、访谈内容 1. 问：主任您好！首先想稍微冒昧地问一下您担任主任多少年了？ 答：2013年开始担任的，大概七八年了。 2. 问：那您在这边主要负责哪一部分的工作？ 答：主要是负责党建这一方面的工作。 3. 问：您可以向我们介绍一下这个党支部的具体情况吗？比如有多少人、岗位配置等。 答：我们党支部有5个委员，负责党建、组织、土地、综治和户籍工作。 4. 问：本党支部人手够用吗？ 答：我们现在做社区治理，人手相对来说较少，一直是处于比较忙碌的状态，因为每天由于各种原因过来咨询的人很多。

5. 问：群众来访一般都有一些什么问题呢？

答：问题形形色色，一两句讲不完，比如邻里纠纷，等等。

6. 问：您是通过什么途径让他们愿意来这里反映问题的呢？

答：我们这里有几个人是分管这些内容的，日常工作中也会进行对接，时间长了居民觉得这里处理事情可信、有效率，自然愿意来这里进行协调。

7. 问：你能介绍一下咱们党支部发展党员的情况吗？

答：每年都会发展新的党员，每年的发展指标大概一到两个。

8. 问：那您觉得这个指标对于这个党支部来说数量是多还是少？

答：刚刚好，毕竟党员是要有一定门槛的。

9. 问：这些申请入党的居民全部都是自愿吗？是否有通过做思想工作进行发展？

答：全部自愿，申请人写好入党申请书之后交到党群服务中心，我们会开支部大会、党员大会来讨论决定是否发展。

10. 问：好的，这个问题我们讨论到这里。接下来是想问关于党课的学习情况。您可以向我们介绍一下咱们这个党支部“三会一课”的开展情况吗？

答：这一方面的内容我比较清楚。“三会”：第一个“会”是支部委员会，几名支部委员一起开会；另二个“会”是指党员大会、党员小组会。“一课”指的是党课。这几个会我们都有认真展开，开展得也很好。这些是我们开展时候的一些图片和资料，你可以看一下。

11. 问：我们社区的党建是远近闻名的，您可以给我们介绍一下自己的心得和秘诀吗？

答：首先，我们开支部委员会之后，会要求下面的党小组立马召开会议对今天的问题展开讨论和学习，进一步强化。活动形式其实还是比较传统的，根据上面的指示来进行，比如上党课、看视频，还有外出学习，等等。我们这里有图书阅览室，平时他们想学习、读书的时候就可以随时过来学习。

12. 问：您觉得咱们社区的党建活动还有没有什么需要进一步优化的地方？

答：其实还是挺多的。比如说我们的下沉党员，平时会在群众中间走访对接，希望他们可以进一步地保持或者说做得更好，去发现更多的问题和困难，然后一起去解决。

13. 问：您可以给我们具体介绍一下本社区和群众紧密联系的活动吗？

答：有很多。比如我们和其他社区的书记，会一起到小区里疏通下水管道。还有一些支部委员，会到社区危旧房改造那里去工作。日常工作中每位党员确实都在为群众办实事。

14. 问：有没有碰到比较棘手的事情？

答：有很多的，一天有好几件，有不讲道理的，也有不听话的，那就只能耐心地跟他们说清楚，帮助他们解决问题。

15. 问：社区平时是通过什么方式来和群众进行联系的呢？

答：主要还是通过手机，比如打电话，也有党员的微信群。平时也会主动去问他们的情况，基本上一直有联系，甚至周六周日都不放假，也是有人值班的。

16. 问：据您的了解，群众平时最大的难处是在哪里呢？

答：目前的问题主要是集中在这个危旧房改造上。拆除他们的危房，帮助他们新建房子，这个钱社区会有一部分支出，但是大部分还是居民自掏腰包来实现的。

17. 问：您觉得咱们这边开展工作最大的一个问题在哪里？

答：主要在经费。我们这个社区平时确实存在一定的经费不足的问题。比如说我们这个社区治理、危旧房改造没有经费的支持那就改造不下去，就只能搁置。

18. 问：遇到这样的问题，一般是怎么解决的呢？

答：我们一般会把这些工作放到年终，然后从别的经费里拨一点出来。另外一个解决方法就是社区下属的一些单位会提供一定的经济支持，相当于互助共建。但是就算如此，这个缺口还是比较大，远远不够。因为我们是村转社区，需要建设的地方还是有很多，需要很多经费，没有经费做事情会有点束手脚。

访谈记录 2

一、基本信息

访谈时间：2021 年 7 月 5 日　访谈方式：面对面　记录人：侯玲玲

访谈地点：H 县中百仓储　　访谈对象：中百仓储员工

访谈主题：基层党组织建设状况

二、访谈内容

1. 问：您今年多大年龄了？

答：我今年 43 岁。

2. 问：您的文化程度？

答：初中。

3. 问：您目前对家庭生活情况是否满意呢？

答：挺满意的。我老公在外地打工，我在家看孩子上学，一个上高中一个上小学，学习成绩都还可以。

4. 问：您目前生活上有什么迫切需要解决的问题吗？

答：没有什么特别迫切需要解决的。不过从长远上看，孩子升学以及工作收入等都是一些问题。

5. 问：当地党组织有没有组织村民学习过劳动技能？

答：没有。像我们这个年龄的人，很多文化水平都不是特别高，初中毕业就算是有文化的人了。那时候不像现在，可以让你一直读书、学项技术再去找工作。像我们70后，出去读书的也有，但是毕竟在农村就是这样子（文化水平有限），向党组织反映也没有什么用，它不能给你什么实际上的帮助。

6. 问：平时党组织有人来接触、访问村民们吗？

答：我这边没有。党组织下来访问的时候应该是经过调查的，村委会、政府的领导肯定会调查一下哪些家庭比较困难，会去慰问、关照比较困难的家庭，这样的情况是会有的。

7. 问：境况一般的家庭不会访问吗？

答：像我们这样的家庭一般是不会来的。

8. 问：您遇到问题会想到向党组织反映吗？

答：也没有太困难的地方，就没有去反映过。目前就我自己自家而言，我们现在年龄也不是很大，四五十岁嘛，现在在外面也还可以找到工作，没有什么很大的困难。只要家人身体平安，健健康康，小孩好好上学，就没有特别大的费用支出和经济上的困难。我现在就在中百仓储上班，可以顾着家里的事情，一切都还好。

9. 问：您知道身边有亲戚朋友是党员吗？

答：我家我老公就是党员啊！

10. 问：您觉得您家先生成为党员之后，跟之前不是党员的时候有没有什么区别？

答：我觉得他成为党员之后很有爱心和责任感，会很主动自愿地为村里人服务。在疫情期间，没有人要求他，他自己拿着药筒满村打消毒水、主动清理堆垃圾的地方。疫情的时候，主动拿铁架子封路，大冬天守到三更半夜一两点。夜深人静的时候，自己再睡一会儿。村里人都没想到他会这样做，还把他拍照上传到朋友圈。

11. 问：您有没有在您家先生的影响下自己也产生入党的想法呢？

答：现在不能轻易就让人入党吧。

12. 问：您有没有这个意愿呢？

答：现在还没有那个想法，因为我觉得，现在应该不是轻易说入党就入党了，但是如果给我这个机会，我肯定还是愿意的。

13. 问：您跟村委会或者党群服务中心的党员或者工作人员接触过吗？

答：我隔壁就住着一位党群服务中心的工作人员。

14. 问：您感觉他/她平时对群众服务态度怎么样，能不能真正给群众解决问题？

答：这也不能看我一个人的看法。我也是这几年才在家里，之前一直在外面（打工）。

15. 问：那您觉得他们有没有官架子呢？

答：这没有，大家都是一个村的。

16. 问：有没有给村里干什么实事呢？

答：这不能看我一个人的评价吧，我每天忙着顾家，对这个没有太明显的感觉，也没有发现他们有什么不好的行为，就是说周围环境有很大的变化也没有感觉到，但是总体还是越来越好的。

17. 问：当您有问题向当地党员反映的时候，他们会不会给你解决？

答：有什么问题的话，肯定是去找社区反映的。

18. 问：您对党的评价怎么样？

答：党肯定是好的，给我们创造了现在这么好的条件。我昨天还教育小孩，说你还不好好读书，你现在在党的领导下过这么好的生活，这么安全地坐在这里读书，还不是因为有那些军人、边疆卫士守卫着。我昨天还拿手机给她看那个南京大屠杀的照片。正赶上建党一百周年，我跟孩子说这些，他也很愿意听我讲，还会主动去了解这些事情。

访谈记录 3

一、基本信息

访谈时间：2021 年 7 月 5 日　访谈方式：面对面　记录人：刘青

访谈地点：H 县 YF 教育办公室

访谈对象：YF 教育企业党支部书记

访谈主题：基层党组织建设状况

二、访谈内容

1. 问：今年是您入党的第几年？

答：今年是第 12 年。

2. 问：您担任党支部书记多少年了？

答：2017 年成立的党支部，到现在 5 年了吧。

3. 问：您同时担任着 YF 教育的校长和党支部书记，平时主要负责什么工作呀？

答：平时主要负责校区的管理以及我们党支部的一些活动，比如一些党建工作以及跟我们的上级党组织联系的一些工作。

4. 问：您能跟我们介绍一下党支部的基本情况吗？比如岗位配置之类的。

答：我们党支部其实是一个联合党支部，校区包括我在内一共有 6 个党员，另外有一些其他几个培训机构的党员的组织关系也在我们党支部，所以一共有 10 位党员。有刚发展起来的新的党员，但主要是老党员。

5. 问：您觉得目前这个党支部的人手足够吗？

答：人手是够的，因为我们校区同时还是 H 县统战部的一个新的社会阶层人士的一个实践基地。然后我们要举办活动的时候，一些非党员等新的社会阶层人士会加入我们。举个例子，今年我们举办了几项活动，第一个是到遵义去学党史，重走长征路。我们组织全校的、包括其他党支部的党员和非党员一起参观了遵义会议的会址、H 县的烈士陵园。在 5 月份的时候，我带着我们党支部还有其他一些党员，联合统战部、教育局、镇党委和镇中心学校一起举办了一场公益支教的活动，捐赠了大约 8 万多块钱的教学用品，包括电脑、书籍、本子等。此外，我们还捐赠了 3 门课程，希望给他们做一个长期的素质类课程的打造。比方说，我们跟他们组建了一个腰鼓队，我们提供腰鼓、老师、服装等支持，然后计划花 4 个月的时间为他们办出特色来。另外，我们给他们提供了一个练字的课程，用以针对现在很多小孩子书写存在问题的现象等。这都是我们党支部带领之下去做的一些活动。

6. 问：就我们观察，本党支部是属于企业党支部，您能再跟我们聊聊企业党支部有关情况吗？

答：是的，我们的党支部是企业党支部。因为我们公司的性质是属于民办教育，已经注册了营业执照，所以，我们是在市场监督管理局下面的一个"个私协"（个体私营企业协会）注册的一个党支部。

7. 问：你们在发展党员时，需要去动员他们吗？

答：主要是自愿的，我们的动员都是平时做的工作。比方说，我们党支部每次举办活动，都会强调党的领导，强调入党的光荣性。包括我们每个月的支部书记党日，也都在一期不落的认真举行。我们的党支部在"个私协"下面 14 个党支部里面工作也做得比较好，也经常得到表扬。

8. 问：目前，咱们党支部会例行开展"三会一课"吗？党组织生活会的频率大概是怎样的？

答：我们每个月都会开展党组织生活会。这个是每次搞活动的一些照片以及每个月的会议记录。

9. 问：您的资料整理得都非常齐全，并且根据您的描述，我能感觉到你们党支部开展的活动都是非常多样，大家参与度都非常高。那您认为，在此基础上还有什么是可以再优化的呢？

答：有的。第一个就是我们党员的一个环境的创设。比如说，我们的资料、书籍以及上墙的材料，我觉得做得还不够，还有进步的空间。第二个就是我们的活动还可以更丰富一点。我们作为一个教育培训机构，从9月份开始，有可能会深入到各个社区去做一些公益，进而引领一些其他的党支部、群众来做公益。再一个就是我们跟其他的支部联合举办一些支部书记党日等活动，组织起来互相学习。

10. 问：那您觉得群众目前最关心以及最迫切需要的是什么？

答：在我们这个行业里面，有些群众现在对孩子的教育比较迷茫，不知道如何去教育引导孩子，甚至有些家长缺少时间来陪伴孩子，所以总的来说群众在教育方面的需求量还是比较大一点。

11. 问：你们是通过什么方式跟群众去取得联系呢？是跟这些补课的家长联系吗？

答：这是一方面，另外一方面就是根据我们上级党组织的一些指示。比方说，在今年“七一”之前，我们可能会走访一些党员家庭，看看他们家庭的实际情况，来收取反馈、寻找问题。再一个就是我们新的社会阶层人士在教育局的指导之下，会给我们反馈一些偏远小学需要什么之类的问题，然后我们再根据这些问题开始行动。

12. 问：这些活动开展的效果怎样？有没有收到一些群众的反馈？

答：有很多群众反馈，觉得我们现在是在做一件正能量的事。因为做公益的话，凭我们自己的力量还是太小，但是我们愿意去做，而且是持续地去做，所以得到了很多群众的认可。

13. 问：您认为当前基层党建的工作中还有哪些需要加强的方面？

答：当前基层党建方面，一是要让基层的党员要有一种自觉性、责任心，二是他们要得到上级党支部或者党委的一些关心，要让他们有归属感，要跟其他的支部党员接触交流，要参与进去，要让党员有一种荣誉感、归属感。现在的基层党支部也比较多，但是有一些党员没有存在感，有时候不知道自己的使命，缺乏一种党员的身份认同。我认识的很多党员都是抱着极大的热情来加入我们党组织的，但在加入党组织之后，参加活动也不够多，也没有能够让自己得到认可，所以我觉得要在这方面更努力吧！